CHANGE
x CHILD
✔ YOURSELF

与其改变孩子 不如改变自己

李 青 / 著

天津出版传媒集团

天津人民出版社

图书在版编目（ＣＩＰ）数据

与其改变孩子 不如改变自己 / 李青著. -- 天津：天津人民出版社, 2022.9

ISBN 978-7-201-18388-6

Ⅰ.①与… Ⅱ.①李… Ⅲ.①亲子关系—家庭教育 Ⅳ.①G782

中国版本图书馆 CIP 数据核字(2022)第 073743 号

与其改变孩子 不如改变自己
YUQI GAIBIAN HAIZI BURU GAIBIAN ZIJI

出　　版	天津人民出版社
出 版 人	刘　庆
地　　址	天津市和平区西康路35号康岳大厦
邮政编码	300051
邮购电话	（022）23332469
电子信箱	reader@tjrmcbs.com

策划编辑	王　康
责任编辑	林　雨　武建臣
装帧设计	汤　磊

印　　刷	天津新华印务有限公司
经　　销	新华书店
开　　本	710毫米×1000毫米 1/16
印　　张	15.5
插　　页	2
字　　数	200千字
版次印次	2022年9月第1版　2022年9月第1次印刷
定　　价	58.00元

目　录

与其改变孩子　不如改变自己

卷 首 语

　　亲子关系是非常重要的爱的关系，是家庭生活与家庭教育的重要基础。没有良好亲子关系的家庭，就意味着难以拥有深刻持久的家庭幸福感。

　　我的这本书里面虽然不乏一些方法论，但在很大程度上还是以观点论的内容为主。"我懂得很多道理，却依然过不好这一生"，这是当下很流行的说法，既是无奈人生的真实写照，也是反感说教的直接表达。之所以还敢做观点论，首先在很大程度上是因为我觉得大家虽然懂得很多道理，但过于杂糅，体系与逻辑需要加以梳理。其次，纵使我们真的已经被灌输了很多道理，但在听到、得到、悟到之间，我们可能还没有完成吸收与转化。最后，亲子关系存在千人千面的状况，每个家庭的问题与成因也错综复杂，并非吸收一点儿简单的方法论就可以解决，反而是在理论逻辑通畅后，在其背景下再进行方法研究才更有效些。

　　其中有些趋势预判和观点阐述带有鲜明的个人色彩，特别是带有实践基础的个人色彩，在学术领域是否妥当尚需不断探究与打磨，也希望能够在帮助家长、老师解开束缚的同时，与更多的志同道合者进行交流。

第一讲　我怎么看待亲子关系

一、我和它的缘分

相信大家跟我有过相同的经历,小时候进入学校上学,时常会被老师问起,"长大后的理想是什么?"我是出于对美丽的启蒙老师的喜爱,把当老师作为了自己的人生理想。很多人儿时的理想随着时空的变迁会发生改变,而我的理想居然此生就再没有改变过。后来,也竟然梦想成真。并且随着年龄的增长,我发现自己对这个职业也从喜欢发展到了热爱。

大半生的教育经历,从校内到校外,接触到的孩子从学前、小学到中学、大学,遍及各个年龄段。除此之外,我很庆幸能拥有丰富的职业经历及对教育的一腔热爱,让我得以有机会站在学校、家庭、社会全维度的视角下进行观察、积累和思考,从而发现一些群体无意识的行为,以及值得关注的问题。

　　通过越来越多的交流、咨询，一个共性问题逐渐浮现出来，许多家庭最关注、最急于解决的是家庭教育问题。但经过咨询我发现，对这些家庭仅在教育内容与方法领域做调整和改变的效果并不理想，反而是在尝试了亲子关系调整，甚至是亲子关系和亲密关系同步调整之后，孩子的教育、家庭成员之间的互动才得到了根本的改善与稳步的提升。我认为，一个人一生幸福感的高低，就来自于亲子关系和亲密关系的质量。亲子关系与亲密关系都属于一种关系，那就是——爱的关系。

　　当今社会文化过于多元，近些年来除了不婚、丁克、单亲之外，只有妈妈和孩子没有爸爸的家庭模式、只有性伴侣不要婚姻的模式也开始悄然普遍起来。也许有的人终其一生只会选择并拥有一种爱的关系，也许有人会因心境的转变而做出选择的改变。我无意评判各种模式的对错，只想就现存模式进行关系分析。无论在爱的关系里存在一种还是两种关系，只要关系是高质量的，就同样可以拥有幸福的人生。也许有的人在离开自己的原生家庭后在余生中都不会再拥有任何一种爱的关系。当下有很多年轻人一方面离开原生家庭独自生活，一方面不再把婚姻作为人生的必须选项，有人与友为伴、有人与宠物为伴、有人与酒精为伴。以后我们会在下一本专门探讨亲密关系的书中再来交流这个问题。

　　既有爱人或亲密伴侣又有孩子的家庭，依然是这个社会的主流家庭形态。因此，我们既关注这两种关系各自的内在特点与逻辑，也关注这两种关系之间的关联与相互作用。亲子关系与亲密关系这二者既独立运转又相互作用。只要你同时拥有这两种关系，那么它们往往就会以一个协调统一的状态进行系统的运转并呈现趋向相似的最终结果。

这其中的关联性虽然不绝对,但的确是概率极大。这也正是引起我多年持续关注与思考的原因所在。

随着对家庭教育与亲子关系关注与研究的不断深入,我也从开始的被动转变为后来的主动,开始从亲子关系研究进入亲密关系研究,将二者并行纳入自己的研究范畴。跟很多专业从事某一领域研究的人相比,我经常说不清自己更擅长哪方面。因此,我的见解与其说具有专业性,不如说是从大量的案例中提炼出了共性问题和经验;与其说能够指导借鉴,不如说更希望能与热爱生活的你进行分享交流。如果说我的分享与其他作者相比会有所区别,那就是我更喜欢从教育学、心理学、生物学、运动学,乃至社会学、经济学层面,进行更宽泛视角下的思考分析。

我把家庭教育版块与亲子关系处理的部分结合起来论述。一方面希望能够提示大家看到家庭教育与亲子关系的内在关联;另一方面希望整体表述尽量简洁清晰,让大家可以看到爱的关系的两个重要组成部分。在对亲密关系部分独立阐述的同时,我也会为大家阐释两种关系之间的影响。我将努力尝试用爱的关系的不同维度的分享包裹起对你人生的祝福。

在本书中我们主要聊的是爱的关系中亲子关系的部分。让我们把亲子关系放到更宽广的时空,从更本质的层面,将其与家庭教育结合,从聚焦问题、解析问题的角度,尝试去纠正偏颇与误区,给予思路与方法,希望能引发思考甚至讨论。

二、与其他关系的同与不同

亲子关系是关系也非关系。之所以说是关系，原因再简单不过，在于确实需要双方互动来实现。非关系的原因则在于亲子关系的成因与内容过于丰富、复杂，比如，原生家庭传承、家庭教育方式、生理发育变化、三观与习惯等，无不影响和改变着亲子关系的模型。所以亲子关系与其说是一种关系，不如说是若干种关系和行为的趋向呈现。处在亲子关系中的两个、三个甚至更多的人像互联网终端的显示器，过程未必显示完整，但结果一定会呈现在大家面前。

其实，任何一种关系的梳理都是一个复杂的过程，亲子关系更是如此。而且，纵使经历一个复杂的过程，往往也难以完整地还原和梳理出关系的全貌。因此，我会聚焦家庭教育与亲子关系的重点阶段与重点问题，就大家普遍关注和存在的共性问题，进行一些深入的探讨，并希望以此为突破，尝试从更多维度梳理亲子关系，最终使关系得到重新审视与改善。这其中可能涉及很多话题：比如随着孩子生理发育的变化，随着家长年龄经验的变化，亲子关系的模式应该处于不断的变化调整之中，如何适应和调整亲子关系是我们要探讨的话题之一；比如当今家庭教养的方式，家庭教育如何与学校教育和社会教育相结合，从而达到很好的教育效果，而且能够在达到教育效果的同时，形成良好的亲子互动关系，这也是我们要探讨的话题之一；再比如，父母之间的亲密关系互动模式，以及与孩子形成的互动模式，对孩子未来漫长人生中亲密关系与亲子关系的影响，这也是我们要探讨的话题之一。

亲子关系相较于其他关系是相对稳定的，这种稳定来自其高度的模仿性和传承性。亲子关系与血缘关系一脉相承，作为融在基因里和常年密切陪伴的一种与生俱来的关系，亲子关系与原生家庭息息相关。因此，从上一代的亲子关系中希望习得什么、向下一代的亲子关系传递什么，这是每一个家庭都需要认真思考和小心应对的问题。希望习得和传承的，要首先在原生家庭中形成和保持；希望摒弃和提升的，也要首先在原生家庭中消除和改善。记住，"改变远比建设困难"。因此，尽量不要等到已经形成再进行调整。

也不用悲观，亲子关系与其他关系相比还是相对容易调整一些的，这来自其高度的适应性和可塑性。因此，如何才能跟上时代的脚步，去粗取精、去劣存优，这也是每一个家庭都需要认真思考的问题。尤其对于当下的年轻父母来说，大多都受过良好的教育，具有很好的学习能力和思考能力，所以修正关系的能力还是有的。而且通常会对孩子有更高的期许和更长远的规划，这就更需要有良好的亲子关系作为基础。良好的亲子关系不只是亲情抚慰的需要，也是家庭教育辅助的需要。既然如此，家长就应该在孕育孩子之初及整个家庭生活、家庭教育的过程中，好好去思考亲子关系、定位亲子关系、感受亲子关系、发展亲子关系。

三、在某些方面无可替代

中国人一向看重家庭，看重关系。因此，亲子关系就不只是众多关系中的一种，而是在人们心目中无比重要的一种关系。由此，亲子关系也就承载着孩子人生的成功幸福，一个家庭的幸福和谐，一个家族良好的传承与发展的重要职责与使命。

亲子关系是孩子情商发展的原始土壤。戴尔·卡耐基曾说，一个人事业的成功，只有百分之十五是由于他的专业技术，另外百分之八十五要靠人际关系和处世的技巧。一个人能否成功，不仅需要优秀的智商，更需要优秀的情商。在现代社会中，情商在很多时候比智商显得更加重要。情商大体分为两个部分，一部分是自我情绪管理，另一部分是他人情绪处理。孩子在生命伊始，尽管有基本的情绪表达能力，却没有情商。孩子的情商主要从对父母待人接物方式的模仿，以及反复应对父母情绪、行为的训练中习得。这是一个日积月累的过程。在这个过程中，孩子通过模仿与训练，渐渐开始了解自己的情绪，学会用自己认为最恰当或者最有利的方式表达自己的情绪。同时，也学会通过"察言观色"来识别父母及他人的情绪。孩子最初的情商形成无疑是来自家庭、来自亲子关系的。孩子的情商品质与能力直接受父母、原生家庭的影响。虽然以后可以训练与改善，但一旦错过关键期等到孩子长大便难以提升。亲子关系作为孩子情商形成的土壤，其基础作用乃至决定作用对人一生的影响都值得引起高度重视。

美国家庭问题研究专家约翰·布雷萧（John Bradshaw）认为，在角色关系健康的家庭中，人们扮演健康的角色，父母的角色主要是提供时间、关注，指引并给孩子做示范。示范如何扮演男人或女人的角色、如何扮演先生或太太的角色、如何扮演父亲或母亲的角色、如何培养亲密关系、如何做一个正常且有用的人、如何与他人保持适当界线而不做逾越角色的事情。

亲子关系是家庭教育的基础。无论孩子的世界还是成人的世界，有一个规律普遍适用，那就是如果关系好，一切都好商量。亲子关系好与不好与家庭教育又有什么关联呢？亲子关系的好坏决定了家庭教育实施的效果。家长是孩子人生的第一任老师，孩子的思想、习惯、能力、审美等诸多的启蒙在于家庭教育，发展也在于家庭教育。亲子关系的质量会直接影响孩子对父母的接纳程度。高质量的亲子关系能够引起孩子对父母的热爱和崇拜，孩子会更容易模仿与顺从，双方互动的情绪会更加愉悦，这将有利于加速孩子最初的经验积累和成就达成。反之，低质量的亲子关系容易引起孩子对父母的抵触，会阻碍父母施加教育与影响。但孩子总是需要引导与经验的，如果不是来自父母，那就会来自他人或者社会。这种情况的不可预见性太大了，如果不幸所学非人，那就难免误入歧途了。

好的亲子关系会给孩子提供三根重要的支柱：无条件的爱、价值感和陪伴终身成长。首先是无条件的爱，所谓无条件的爱，就是不威胁、不交换。其次是价值感，要让孩子有价值感的获得，就是要把孩子当成复杂生命系统来对待，不能机械、生硬，要尊重规律、尊重选择。最后是陪伴孩子终身成长，要使孩子愿意终身成长，父母首先应该是终身学习者。家庭教育应该通过家长的言传身教，完成对人的全方位影响与培养，比如人的自我认知、情感交流、生命常识、行为修养、社会适应、个人专长等。而且在需要终身学习、终身成长的今天，孩子成长的过程与结果同样重要，父母要做的是过程的支持而不是监管。家庭教育的这些支撑力量来自良好的亲子关系。

亲子关系是为孩子提供社会支持体系的重要基石。有一句话相信大家耳熟能详：家庭是心灵的港湾。其实这是一句省略句，因为家庭中的亲密关系才是真正的心灵的港湾。其中，健康的亲子关系对于孩子而言无疑是心灵的港湾。在孩子的成长过程中，不可避免地会面临各种困惑、冲突、挫折，这些问题处理得好，对孩子的发展、完善具有非常重要的意义。反之，如果处理不好将有可能使孩子萎靡不振，或者误入歧途。当孩子面对问题时，会本能地寻求帮助与支持。这种支持可以来自原生家庭，也可以来自社会。这就是每个人都拥有的社会支持体系，其中包括亲子关系、师生关系、伙伴关系等直接关系，也包括网友等非直接关系。在这些支持关系构建起的支持体系中，最为基础、最为安全、最为强大的社会支持无疑是亲子关系。

和谐的婚姻→和谐的家庭→（孩子）和谐的心灵→（孩子）和谐的人格→（孩子长大以后）和谐的爱情→（孩子长大以后）和谐的婚姻，这是一个循环，至于这个循环是否良性，则是每个人、每个家庭可以自主选择的结果。

四、爱的关系也需要经营

爱，是童年送给我们的最好的礼物。因此，懂爱、会爱对一个人的一生来说是非常重要的。一个人爱的潜能主要来自童年的经历，我们最初是从父母或者最亲近的长辈那里获得爱的源泉。国内外心理学家普遍认为，一个人的童年，他从小成长的家庭环境，以及父母的教养方式会构成童年潜意识，这种潜意识一旦逐步形成、固定下来，将会对他的性格、人格、择偶观、人际关系、感情模式，乃至对待恋爱、婚姻、家庭的态度形成深远的影响。换句话说,一个女人喜欢什么样的男人,一个男人会娶什么样的老婆,以及他们将来如何抚养自己的子女,都跟他们的童年经历有着密不可分的关系。

童年对我们一生的影响实在深远,著名散文家林海音曾说过,每个人生理上的童年终将逝去,但心灵的童年或许会伴随终生。因此,人生中太多的心理基础、关系基础是可以追溯到童年时期的。要想使孩子能够懂得爱、保持爱、拥有爱,是需要家长认真经营的。

提到经营,很多人会觉得充满商业气息和铜臭味,觉得用在爱的关系里面是非常突兀的。我倒觉得不然。因为"经营"其实是一个很宽泛的概念,其中包含策划、谋划、计划、规划、组织、治理、管理等诸多含义。在这里,"经营"更侧重动态性谋划发展的内涵。有人喜欢用"管理"来定义关系,相比居高临下,重视内在运转合理性的管理而言,我更喜欢用宽泛的,侧重谋划与发展的"经营"来定义关系。

许多人认为职场关系属于非爱关系,需要谨慎、需要技巧、需要经营,而亲子关系和亲密关系则属于爱的关系,都是血缘与法律范畴的至亲,不需要刻意,更谈不上经营。

其实不然。中国是一个多元哲学体系并行的社会,每套独立的哲学体系从来都不缺少对关系的论述,其中自然也包括亲子关系与亲密关系。中国是一个富含人情的社会,年深日久人们也自然会积累许多可以指导实践的方法与技巧,其中当然也包括亲子关系与亲密关系。其实即使是血脉亲情,也需要按照关系去看待。既然是关系,自然就需要维护和发展,也就需要方法和技巧,要不哪里会出现那么多亲情中的怨怼和爱情中的背叛。这大概就是关系需要经营的原因所在吧。

网络问题互动

网友:我们养育孩子的终极意义是什么?

我:为了多一个观察生命成长过程的机会,无论是同性还是异性。为了最终可以带着爱与和解相互放手,让生命延续成为美好、自然、没有负担的本来。

网友:为什么孩子中有"父母皆祸害"的说法出现,这样的亲子关系出现了什么问题?

我:可能是家长从经验出发,自以为是地引发了亲子冲突;可能是施爱与被爱之间的相互误解;可能是孩子回首自己的成长道路,感受到自己被错误的思想观念与教育方法误导所引发的抱怨。

第二讲　亲子关系变形记

　　教育包含学校、社会、家庭三个层面，因为要探讨生活互动关系，所以我们这里所说的教育是从家庭教育出发，辐射到社会教育，关联到学校教育。

　　"不焦虑的家庭各有各的快乐，而焦虑的家庭总有着相似的问题。"

　　家庭教育涵盖思想、学习、生活、行为习惯、审美情趣等方方面面，既在亲子关系之上对孩子产生作用，又反向影响亲子关系质量。亲子关系像是一个容器，而家庭教育则是承载在这个容器里的内容。但家庭教育中的很多成分又像是腐蚀剂侵蚀着容器本身，比如"焦虑"就是其中的一种，特别是来自教育的焦虑，扭曲甚至摧毁着我们的亲子关系。因此，我们要专门聊聊教育焦虑的问题，希望通过教育焦虑的解决，来调整和改善亲子关系。

一、教育焦虑是种病

先来看看我们的家庭教育怎么了？那么依据什么，我们断言它"焦虑"了呢？这几年在网上看到很多与育儿相关的段子。比如流行语"不提学习母慈子孝、一提学习鸡飞狗跳"。比如多人发图片调侃：图中是妈妈在辅导孩子做功课，表情绝望，图下文字"请把你的女婿（儿媳）带走，不要嫁妆（彩礼）"。比如在广西某中学运动会视频中，孩子们打出标语"学习使我妈快乐！"这几年我们身边也不乏这样的事例，动辄一年二三十万的幼儿园费用，还得求人进园。一个小学二年级的孩子暑假报各种辅导班，时间被填得满满，花费近十万元是常态。这几年听到不少身边的年轻妈妈常常念叨："孩子要考试了，我比她还紧张。"特别是 2020 年新冠肺炎疫情之后的返校，让很多家长喊出了"神兽回笼"的流行语，这既是戏谑，也未必是戏谑。

除了这些感性言论，我们再来看看数据情况，让数据来说话。2017年、2018 年的《中国妈妈"焦虑指数"报告》显示，当下在中国家庭教育中占主导地位的是爸爸妈妈，其中妈妈们的焦虑要高于爸爸们，所以又被称为"焦虑妈妈"。报告表明，在所有年代中，"80 后"家长的焦虑指数排在首位，之后依次是"90 后""70 后"。而引发家庭焦虑的因素排在前两位的都是孩子问题，分别为孩子的健康问题和孩子的教育问题。2018 年，《中国家长教育焦虑指数调查报告》显示，接近 70% 的家庭在不同时期、不同问题、不同程度上存在教育焦虑。其中城市的比例还要再高一些。其中，综合素质培养、手机成瘾、青春期沟通、教育选择等问题成为直接焦虑源。2019 年《孩子的成长，父母的焦虑——2019 成长焦虑白皮书》指出，家长的焦虑按照不同方面可以做出多种排列。家长焦虑的第一个心理问题是自控力，第一个教育问题是如何更加优秀，第一个能力问题是动手能力，第一个社交问题是不够热情、主动，第一个健康问题是发育健康，第一个相处问题是如何跟孩子正面沟通，第一个技能培养问题是能否为孩子"增值"。

其中，占比最多的焦虑是围绕孩子的学习展开的。就像旅美学者诸葛越老师所说，当下的家庭教育焦虑症集中体现在三个维度。第一个维度是时间，从眼前的焦虑到未来的焦虑。比如，怎么能让孩子审题不出错、写作业不马虎？比如怎么能让孩子未来能成为成功人士或者进入主流行业？第二个维度是技能，从学数理化到培养领导力的焦虑。比如，孩子 5 岁了还不会算算术、写字怎么办？怎么培养孩子的表达能力？等等。第三个维度是教育制度，我也认为是教育环境。比如，公立学校好还是国际学校好？在中国读书好还是出国留学好？这三个维度无一不围绕着学业展开。

现在我们是不是可以达成认知一致了？我们的家庭教育"病"了，这种病叫作"家庭教育焦虑症"。

二、我看到了焦虑的后果

在家庭教育焦虑之下，会引发或者已经引发了哪些需要较长时间才能够显现的后果呢？这些年我们听到社会新闻中出现很多的"穷人家的富二代""十几岁的孩子校园暴力事件""青少年网络成瘾""网络暴力""大学生信贷裸照丑闻",身边出现了越来越多的二三十岁的青年在家安心"啃老",青少年成为抑郁、自杀的主群体,甚至校园吸毒、艾滋病感染人数居高不下。是否有人想过这是个体发育出现了问题、社会环境出现了问题,还是教育出现了问题呢?当然是社会的责任多于个体的责任,当然是教育与文化的建设影响着社会环境的变化。也许有人会反驳,说即使这是社会、是教育出现了问题,也没有证据显示和家庭教育焦虑症相关呀!别急,我们后面会慢慢展开,不是要家庭教育焦虑症承担所有教育问题的后果,但大家一定会从中找到正向关联。

家庭教育焦虑一定会带来亲子关系问题。一位妈妈曾经倾诉自己对女儿手机成瘾问题的无奈。在接近两个小时的时间里,妈妈跟我讲述了女儿手机成瘾带给她的困扰。女儿上小学五年级,过了暑假就升六年级了。妈妈希望女儿能够放下手机,开始认真学习,准备毕业考试。女儿答应得很好,但是经常会出现反复,会寻找各种借口拖延时间,把时间用在手机游戏或与其他人聊天互动上。在接近两个小时的时间里,妈妈坐在我对面一直不停地诉说,旁边的爸爸安安静静的,几乎没有插过话。一方面是因为我要倾听,另外一方面我发现我也很难插上话。妈妈讲了她软硬兼施,威逼利诱,用了各种办法,女儿时好时坏,经常出现反复。这位妈妈确实让人心疼,但是在她叙说的过程中,我捕捉到一些小的细节。她会在跟孩子骑自行车上学的同行路上唠叨孩子,给孩子做思想政治工作。她会在孩子吃饭、写作业的时候,给孩子施加压力。她会在跟孩子牵手逛街、过马路的时候提到关于手机的问题。之后在跟女儿的聊天中,我印证了自己的猜想。女儿认为妈妈说的道理是对的,但是她不喜欢妈妈开口讲话,她觉得只要听到妈妈的声音，她内心就是烦躁和焦虑的。一方面，理智上她也愿意放下手机，按妈妈的要求去做；另一方面，她更希望有人能够理解并与她产生共鸣，所以她更希望逃到手机的游戏和聊天互动的空间中去。

我曾经参加过几个海淀家庭的聚会。这些爸爸妈妈都是硕士或者博士，这些孩子从学龄前到初中低年级年龄不等。在世人眼中无比强大的海淀爸妈吐槽起自己的孩子，吐槽起自己的焦虑，也让人非常唏嘘。他们中有的人觉得自己给孩子选的学校还不够优秀，有的人觉得自己的孩子远不如自己期许的那样聪明能干，有的人对孩子目前的成绩和发育充满了忧虑。当有爸妈希望我能从专业的角度给予一些建议的时候，我反问了他们一个问题：你确定你的孩子非常爱你吗？我清楚记得当时场内瞬间的静默。之后我得到的答案是"应该是爱的""差不多是爱的吧"，或者"哈哈哈"的笑声。当然，从理论知识和信息资源方面，我给大家提供了一些建议。同时，我也和这些家长聊了一些我的思考，希望能够引发他们的思考。

我说，孩子如果不是发自内心地爱爸爸妈妈，那么他能听你多久，信你多久呢？又怎么可能避免冲突和伤害呢？那么是放下焦虑，调整关系，让他听你信你，还是追求结果，不介意孩子在冲突和伤害之下成长呢？相信理智的家长都会选择放下焦虑调整关系，但说来容易做来难，在实际行动中却又往往容易出现偏差。所以这就需要用到一些技巧和方法。我在本书开篇就说过，即使是爱的关系也是需要用心去经营的。

亲子关系出现问题一定会导致孩子成长出现问题。一个上中学的男孩子遇到了问题，总是和妈妈来找我聊天。我发现他和爸爸之间的关系存在问题，于是进行了深入了解。通过沟通知道了儿子是不爱爸爸的，因为从小体会不到爸爸爱他。于是我又跟这位爸爸聊起了他的原生家庭，聊起了他与自己家人的相处模式。原来，他之所以不会爱自己的孩子，是因为他从小没有从男孩爷爷那里得到过父爱。这位爸爸不是不想爱，而是不会爱。而这个男孩儿存在的诸多问题之中也必然有人际关系问题。而人际关系问题的核心就在于他缺乏爱的能力。

一个刚满 22 岁的女孩子，聊到她曾经几次堕胎。作为一个母亲我很心疼，但是她表现出了非常无所谓的样子。于是，我和她聊到她的爸爸妈妈。果然，她的爸爸妈妈争吵多年、分开多年，所谓爱她，从来关心的只是她成绩如何，以及爱自己多一些还是爱对方多一些。他们相互之间会利用孩子去打探对方、打击对方，却没有考虑到这个孩子是否会受伤。所以一个在没有安全感的环境里长大的孩子，当男朋友给她的爱让她感觉到些许温暖的时候，她就选择了所谓的义无反顾，甚至带有一种卑微感的自我牺牲。

还有一位全职在家的太太，有着很强的洁癖与强迫症。每天都需要丈夫离开家才可以更衣、洗澡。丈夫是一名公交司机，每天都要等到晚上十二点以后妻子洗漱完毕才能回家休息。而第二天早上又要早起出车。丈夫还承担着家里买菜、做饭等几乎全部家务，妻子稍有不顺心就会与其争吵。探究原因，妻子是被领养的孤儿，被领养后养父母离异，之后养母离世，自己孤单长大。所以她认为自己终将被别人抛弃，于是就先发制人试探别人，而且不具备社会工作能力，无法与人相处。这位太太用别人对她的忍无可忍作为对自己悲惨命运提前预见的印证。

这样的案例实在太多，每天也还在发生着。许多家长以爱的名义，用包含焦虑的不当方法，教育着自己的孩子，伤害着亲子之间的关系。

在当下的中国,家庭教育焦虑症存在的范围、呈现的表征、引发的后果,已经成为必须好好面对和好好解决的问题。这也是我们在改善亲子关系、关注家庭教育的过程中绕不开焦虑的原因所在。既然绕不开,我们就来好好面对和好好解决。

三、试试原因分析

承认问题、分析问题,这是好的开始。那么是什么原因造就了"家庭教育焦虑症",并通过个体作用于众多的家庭呢?

这得从家庭教育、学校教育、社会教育三者的关系说起。其中,家庭教育为本、学校教育次之、社会教育断后,三者之间相互补充、相互辅助、浑然一体。这才是最好的教育模型。然而我国的现状是学校教育履职尽责强化明显、社会教育完善明显、家庭教育退化,家庭教育部分更新迭代及补充完善很少,大部分职能转移为学校教育的辅助。这样的模型必然是存在问题的,并会由此产生新的问题。

中国家庭教育专家俞国良老师曾总结出当下中国家庭教育有"六多六少"和"六种无度",即"知识传授多、德行修养少;生活关心多、素质培养少;脑力劳动多、体力劳动少;身体关心多、心理指导少;硬性灌输多、启发诱导少;期望要求多、因材施教少。""无理由呵护、无分寸褒奖、无节制满足、无原则让步、无边际许诺、无休止唠叨。"这些问题指向的就是我们辛苦的家长们,值得警醒和反思。

要了解成因,我们还是要先认识一下"焦虑"。这是一个心理学词汇,本来主要指以生理性紧张为表现的躯体症状和以对未来担忧为主的负面情绪状态。斯皮尔伯格将焦虑分为特质焦虑和状态焦虑两种。特质焦虑指的是一种较为容易引起持续性的担忧和不安的人格特征。状态焦虑指的是在某种特殊情境下，某一特定时刻产生的烦躁不安的情绪。特质焦虑发展下去就成为焦虑障碍，是一种精神类疾病。值得庆幸的是，当下有越来越多的国人承认社会生活的方方面面存在着"焦虑"情绪和"焦虑"行为。比如"路怒症""强迫症"，虽然是一个单纯的心理问题，但都是在"焦虑"的土壤中生长起来的。不过令人可喜的是有越来越多的人敢于直面自己，承认自身问题，愿意主动学习和解决。当然，我们在这里探讨的也非深层次的疾病问题，而是希望通过缓解个体焦虑从而达到缓解群体焦虑、社会焦虑的目的。

那么爸爸妈妈们的焦虑从何而来？说到这，估计有些爸爸妈妈已经觉得无奈且无趣了。还能来自哪里？当然是社会环境造成的，总不是自己愿意的呀。那我们就先来看看社会环境因素吧。当今的中国虽还不是世界经济总量第一，但稳居第二而且增长速度无疑是世界第一的。如此快的发展速度，个体出现适应性混乱绝非偶然，而且社会对个体适应性问题没有提出前置性教化和预防措施，属于社会问题。作为个体，在国内目前以成功结果为导向的价值观影响下，我们不知不觉会期待通过努力获得功名、期待尽快完成社会阶层跃升、希望尽量缩小自我成就与自我期待之间的差距，从而赢得他人的最大尊重。如此片面趋同的价值取向让很多人出现"焦虑障碍"。

当今中国社会整体焦虑人数在持续上涨，2020 年 12 月全国五种精神障碍数据统计显示，焦虑障碍确诊人数达到 4.98%。如果加上未确诊、未就医人数，那这个人群就更大了。国际研究中焦虑人群的平均比例在 10% 左右，而中国的焦虑人群比例则在 40% 以上，远远高出世界平均水平。这么大的焦虑人群怎么会不存在于家庭、作用于亲子关系呢？个体的共性问题汇集起来就成了群体问题，也催生了新的社会问题，值得引起重视。据研究显示，在一个社会中家庭收入落差与教育回报期许直接影响亲子关系。当一个国家的父母收入差距比较小或者教育回报期许比较低的时候，家庭教育往往是宽松的，亲子关系往往是和谐的。反之，当一个国家的父母收入差距比较大或者教育回报期许比较高的时候，家庭教育往往是专断的，指向名利、指向成功的，家庭教育也就容易是焦虑的了。而目前的中国，正处于后者的阶段，大潮之下，我们每一个个体都难免在不知不觉中被裹挟。

除了社会的大环境，我们来看看区域小环境带给家庭教育的压力。《中国妈妈"焦虑指数"报告》数据分析显示，在城市排序中，城市综合实力排名越靠前，爸爸妈妈的焦虑程度越重。排名前三的焦虑高分城市分别是上海、北京、深圳。在学历排序中，高学历家长焦虑最高。在职业排序中，高收入和低收入两端的家长焦虑大于中等收入家庭，比如金融、互联网、商人、蓝领工人和无固定工作、无固定收入人群焦虑高于医生、公务人员等职业。让家长焦虑的还有自己的同学、邻居、亲朋乃至孩子的同学、老师。在这里我要多说一句，我们的中小学教师、校外培训机构老师本身的心理健康，对孩子乃至家长都产生着重要影响。

造成家庭教育焦虑的外部因素除了前面提到的孩子的健康问题和孩子的教育问题外，还依次包括夫妻关系问题、孩子的人身安全问题、家庭经济积累问题、婆媳关系及翁婿关系问题、老人赡养问题、家务承担问题、二孩生育及其压力问题、子女婚姻问题。

再有，我们生而为人也是相信"世上本无事，庸人自扰之"的。心理学和社会学研究者对人们忧虑的事件进行过分析归纳，结果发现有30%的事情过去已经发生过，或者有经验可循，或者忧虑已经没有意义；40%的事情从来不会发生，只是我们的想象而已；12%的事情来自担心其他人的想法、看法，这其实与事件本身距离很远而且价值不大；10%属于琐碎的事情，要么可有可无，要么必须遵循某种原则和标准；4%的事件纵使我们知晓并且忧虑，却发现自己完全无法控制和改变事件的发生；只剩下8%的事情才真正需要和值得我们去忧虑。所以，事情还是那个事情，但当我们看待事情的心境发生改变的时候，是不是方向与结果也就不同了呢？这是个体自身的原因，与旁人无关。

由社会、个体及社会和个体之间相互作用衍生出的问题，既需要纠正社会评价体系和改善社会经济模型，又不能依赖社会带给我们改变，因此我们还是要有所行动来进行自我部分的主动调整。在需要调整的自我部分中，有情绪的层面，有认知的层面。关于情绪的层面，主要是给我们的内心"降躁"。我非常喜欢一句墨西哥谚语：走得慢一点，等等你的灵魂！我把它贴在办公桌前好多年，经常提醒自己要学会适时慢下来、停下来、思考一下。思考过去走来时的思路与方法是否得当，思考当下所处境遇是否符合自己的意愿，思考未来我该走向哪里和如何走下去。我们不应该允许自己像个滚筒洗衣机，在不停运转中把"灵魂"甩干了。但如果我们可以确定灵魂与我们同在，那么就尽管大步前行。因为我们是成人，可以自我思考与自我修正。

而当我们面对孩子的成长问题时需要的却是一种耐心等待的心态。现在请您闭上眼睛和我一起回到孩子刚刚出生的时候，那时候您在想什么？是不是内心充满了喜悦，每天都沉浸在我家宝宝笑了、长牙了、会翻身了、能说话了、会表演了等这些细小的变化与进步之中。这个时候您在做什么？是不是每天都在期待着宝宝带来新的惊喜，每天都期待着宝宝可以有新的能力出现。那时候的我们，期待欣赏孩子的成长与学习，哪怕是最简单的事情，都能成为家庭的大事，都能成为朋友圈的焦点，都能成为每天反反复复的谈资，那时候绝大多数的亲子关系都是融洽的，也是美好的。亲子关系不同于爱情，不应该也不会随着时间的迁移而激情消退，然后出现矛盾。亲子关系如果处理得当，那么亲子互动将会一生如初，甚至会是越来越美好，越来越甜蜜。但亲子关系与爱情又很相似，这个过程也会死于凌驾。当家长不再是欣赏孩子每天的进步，而是批判每天的不足，让别人家的孩子每天都活在赞美声中，而让自己的孩子每天都头顶阴霾，在这一刻，一个孩子幼小的心灵就被"杀死了"。

也许大家会问，然后呢？那还能有什么然后，一切好的和不好的事情都是水到渠成的。所有孩子在成长过程中都会去观察和反思他的亲情，回首他生命中最重要的支撑——亲情，家长们希望孩子想到什么呢？如果是每天的责备与埋怨，每天的指责与咒骂，每天的比较与攀比，那孩子怎么会愉悦？怎么会自信？怎么会勇敢？看到这些的时候，大家是否愿意耐下心来去尝试等待孩子成长？给予孩子需要的支撑、赞美、鼓励，把本该属于你们的和谐的亲子关系带回原本的生活中去。

在个体认知的层面，需要对家庭教育的定位再进行审视和确认。新中国成立后，举国上下都非常重视学校教育的推动，也确实在提升国民综合素养方面取得了很好的成效。尤其是改革开放四十多年以来,基础教育、职业教育、高等教育都得到跨越式发展。我们的教育模式的雏形借鉴了苏联的精英教育,其公平性和包容性等优点是值得肯定的,但同时也呈现出充满竞争和带有明显功利倾向的特点。我们的教育改革一直在路上,一直尝试寻找到最平衡的解决方案。

我们可以看到,当下的学校教育改革一方面解决了学校教育自身,甚至家庭教育、社会教育领域的一些时弊,让很多家庭在快速变化中能够得到学校教育的及时指导,有了指引与抓手,确实减少了一些家庭教育的基础焦虑。另一方面,学校教育的强势、强制、局限又给家庭教育和社会教育带来了一些新的焦虑来源和焦虑形式,引发了一些更高水平的焦虑。很多家长慢慢放下了家庭教育原本的主业,转而把学校教育的主业当成了家庭教育的主业,家庭教育成为学校教育的"助攻",产生了新的迷失。如果仅仅做"助攻"倒也简单,因为我国的学校教育从 21 世纪初开始推行素质教育,作为助攻的家长们是有机会"家校同步"完成教育转型的。可事实却并非如此,我们的教育好像在"减负"的过程中变得任务越来越多了。这不仅由于我们的社会环境并不能完全认同,也不仅因为我们的学校教育不能完全落实,更在于我们的家长也没有完全转变观念。因此,尽管我们的学校教育倡导素质教育,但在家长们"全力以赴"的推动下,事实上最终在孩子们身上实现的却不是转型而是叠加。这里所说的叠加,相信每个人都有自己的理解。但我要表达的意思其实是"变本加厉",这个词我考虑了很久,最后还是决定用它。原因就是希望通过这样扎眼的词汇可以让各位家长有所触动,有所警示。"教"与"育"本身包含两个层面,"教"是可考核可量化的,"育"看似没有考核标准,但孩子成长中所表现出的所有问题都可能从"育"的层面找到答案。

身边很多朋友聊天时经常提到找心理咨询师的过程,他们很多人评价说,心理咨询师说的很多内容让人感到悔恨与心痛。悔恨,是因为他会把孩子成长过程中作为家长的我批判得体无完肤;心痛,是作为一个母亲,我还一直认为自己所做的都是正确的。有位母亲很形象地描述了她的感受:在心理咨询师的描述下,貌似她是一个后妈,而且是经常对孩子进行精神虐待的后妈。随着描述,妈妈说她的脑海里仿佛出现了那个拿着毒苹果的皇后形象,独裁且高高在上。不同的是,她的毒苹果是作为交换工具使用的,用来换取她认为正确的东西,可能她交换到了,但是毒苹果也扼杀了孩子心目中的她的形象。很多家长听了咨询师的反馈才意识到,自己真的从没思考过亲子关系到底应该是什么样的,或者它和学习成绩的关系如何,好像在看到成绩,看到排名,看到名校的时候,才发现真的将一切都忽略了。

家长们忽略了什么?忽略了孩子最需要的亲情表达方式,教孩子没有错,但是原则错了,更准确地说是关系错了,您搞错了职能,您更像是一位有责任心的教师,而不是一个陪伴孩子成长的亲人。2020年的新冠肺炎疫情高峰过后,很多学校召开了心理健康辅导课程,其中专门提到简化考试流程,甚至取消部分考试,更可爱的是,很多老师在跟家长们讲同样一句话:"把成绩放下,让孩子好好活着最重要。"为何如此呢?据统计,疫情期间家庭矛盾集中爆发,青少年自杀率与上一个年度相比上涨六倍。在我国,虽然有疫情出现,但绝大多数青少年应该都得到了很好的家庭保护。有的青少年本来可以过上梦想中的"不用去学校的日子",结果却选择了结束生命。一个接一个沉痛的事例在警示家长,应该好好想想亲子关系是一种怎样的关系,以及应该如何经营亲子关系了。

也有人用公式来解释成因,即焦虑=压力+纠结。他们的解释是,压力是外部环境施加的,大家在快速的环境变化下,适应性出现了问题,作用于心理,再投射到行为。纠结来自内因。他们说,我们如今不是知识太少,而是太多,我们不是选择太少而是太多。我们总怕自己选的不是最好的,我们总希望自己能够选得更好,所以我们用纠结加剧了焦虑。这让我想到了一头存在于哲学里的驴子,它左走200米是满满一桶水,右走200米是一个青草垛。它既怕错过青草,又怕没有水喝,左右摇摆无法选择,最后饥渴而死。这个哲学故事告诉我们的是纠结的危害,驴子到死内心都充满"焦虑"。

无论哪种理论分析或是哪种数据显示,我们可以看到的都是人的内因外因相互作用、相互纠缠、相互制约,形成一个家庭非常复杂的焦虑心理,形成具有共性原因又各具特点的焦虑行为。作为家庭中被高度重视又身处弱势的孩子来说,自然最容易成为焦虑的原因、出口、中心。

对于家庭教育焦虑而言,教育的主导者——父母的焦虑一定是与整个家庭焦虑与否、焦虑程度高低直接关联的。据研究显示,焦虑受遗传影响不大,受环境影响明显,这就是说焦虑不遗传但"传染"。爸爸妈妈如果焦虑,不一定是爷爷奶奶或姥姥姥爷的基因作用,孩子也不一定会焦虑。但焦虑又太容易受环境的影响,如果家中有人总是焦虑的,比如爸爸或者妈妈,哪怕有一个人总是焦虑的,那家里的其他人就难免也会焦虑,至少在某一个方面也很容易是焦虑的。我常说:"孩子的迷茫与焦虑就是教育者的迷茫与焦虑，就是一个家庭的迷茫与焦虑。"因此，我们来具体看看父母的哪些焦虑会影响孩子呢？

有数据统计，父母造成家庭教育焦虑的个人因素排序依次为：外貌形体、健康问题、职场压力、心理问题、个人空间。当下年轻的爸爸妈妈们真是挺不容易的，即便是有双方老人帮忙带娃，即便是自己的经济收入还不错，也很难说上面的几个问题中没有一个正带给你困扰，或者没有一个属于自己的焦虑源。因此，每每听到周边很多年轻朋友感慨："孩子放假我就紧张"；每每看到妈妈们的网购，让家人觉得不可理解却又"屡教不改"；每每听到爸爸妈妈们的关系因为孩子教育冲突不断、渐行渐远……我都会由衷地心疼这些爸爸妈妈。也有的家庭因为父母工作原因，带娃的责任落在了老人身上。天津就有一句俚语："天津有一怪，生了孩子姥姥带"。其他地区也一样，各有各的家庭生活习惯。很多老人很知道隔辈人是用来疼的，有着一种补偿子女和享受天伦之乐的"宠物心态"，无论孩子怎样都是好的、有趣的。也有一些老人不然，把隔代人的教育责任"视若泰山"，不但全部承担而且也"自觉焦虑"。这样的老人我更是心疼。

同样作为教育主导者，焦虑程度并不相同。前面已经特别提出了关于"焦虑妈妈"的话题。在造成家庭教育焦虑的个人比重上，妈妈的影响远大于爸爸，往往是妈妈的焦虑情绪影响了整体家庭关系的互动模式，尤其是影响到亲子关系。前面提到的"焦虑妈妈"和在当今社会中妈妈们承担着主要的家庭教育责任形成了正比例关系。此外，妈妈的学历与教育焦虑正相关，就是前面我们提到的，妈妈学历高对孩子的期待会高，焦虑值会高，所以才有了"海淀爸妈"这个标签。我身边也确实有很多硕士、博士父母对孩子的教育焦虑情绪比较严重。现代教育开启女童教育之初，就曾经提出了"教育男孩是教育好一个人，教育女孩是教育好一个家庭甚至一个家族"的理论，长久以来的实践证明，这个理论是正确的，而且依然任重而道远。

我们再来看看教育接受者——孩子的焦虑情况。在交流中，我发现有一些父母并不确定自己是否焦虑，或者认为自己并不焦虑，但却从孩子身上感受到了焦虑，进而自己也开始焦虑。这看似是来自孩子的反作用，其实不然。追根究底，孩子的焦虑主要还是源于家长、社会。孩子的焦虑与成人不同，大多来自情感诉求的不满足、自身成长环境的不达标、家长自身行为的矛盾冲突。这更像是一种反作用力。这种焦虑的反作用力是经过一个漫长的时期形成的。大致要经历观察、适应、整理、妥协、静默、爆发、胜利，或再妥协的过程。能够形成这样反作用力的孩子大多已经进入少年乃至青年阶段。当父母意识到孩子的焦虑时，孩子通常已经进入爆发期，其爆发力和杀伤力都很强，这必然裹挟着对亲子关系的拷问或者伤害。在这样的阶段，有些问题可能还可以通融，而有些问题也许已经达到了积重难返的程度。

在人类不断进化的过程中，我们不应只看到孩子在个体发育方面要远比他的先辈们聪明，更要看到这些聪明的孩子在其成长过程中，对自己父母也是有要求、有标准的。与父母情感越深厚，互动关系越好的孩子，对父母的苛求越少。反之，父母与孩子之间的关系越冷漠，孩子对父母的要求标准就会越高。所以聪明的家长更关注关系，更懂得如何利用关系去辅助孩子前行。亲子关系不是工具，但亲子关系是助力孩子前行的前提，只有亲子关系是良性的关系时，我们才有可能陪伴孩子、支撑孩子顺利度过他每一个可能出现问题的时期。

比如，今天令人谈之色变的青春期问题，家长看到的是各种匪夷所思；在心理学家看来，这是关系失败后的弹簧效应；在教育家看来，这是主客体之间的关系扭曲产生的无效沟通。孩子在 0~10 岁的时候听话，是因为孩子自身不认为他具备反抗的能力，反抗的意识却早已悄悄萌生并逐渐聚集等待爆发。当孩子进入青春期后，思维逐步成熟，身体开始发育，他自认为有了反抗的能力，所以这个时期就变成了一个矛盾爆发的集中期。在孩子幼儿期的时候，我们与孩子能保持良好的亲子关系，是孩子到了青春期逆反时候我们还能陪伴并修正孩子行为的基础，简单地说，就是孩子进入青春期后还能听进去你的教导。要知道，这个时期孩子听话的意义远远大于幼儿期听话的意义，因为青春期孩子思维基本进入了定型期，这个时候如果走错路，那可能真的要付出很大的人生代价或者面对一个不可逆的结果。

孩子焦虑的形成还跟父母教育标准不统一有关。

东西方的代际关系标准混用是由于适用标准不够统一。东西方代际关系的区别在于：西方强调的是断裂—分离—个体化，东方强调的是顺承—融合—家庭化。是的，我们很多的父母自身确实是矛盾的产物，自己接受的是东西方融合思想，所建立的教育标准也是东西方杂糅的，秉承的也是多重的，甚至矛盾的标准。很多家长在建立逻辑和标准之后，还会不自觉地依据利益最大化的标准进行切换与改变。家长忽而很西方地跟孩子如朋如友，忽而又很东方地跟孩子讲规讲矩，忽而进行散养追求个体独立，忽而强调遵从希望高度配合。开心的时候鼓励孩子放飞自我，生气的时候强势专权——"我是你爸爸"。在自我冲突之下，难免会出现逻辑混乱，标准不一，让孩子无所适从的情况。环境就像是一锅温水，而我们哪一个不是煮在这个温水里的青蛙呢？特别是教育的接收者，就更是如此。因此，用多重的甚至矛盾的标准去教养孩子，用随时变化的标准和态度去建立亲子关系，其结果就是孩子要么模仿、复制家长，要么与家长对立，反抗家长。

说到这里可能有家长要问，家庭教育的标准如何建立和如何使用呢？其实这个问题很好回答，肯定是用一套统一的逻辑标准，肯定是要听正确的观念，肯定是要讲究方法的。

首先要肯定孩子的想法，然后再否定孩子此次的做法，对于孩子来说可能更容易记住一些。举个例子吧，当孩子走向开水壶准备去摸水壶的时候，你需要去准备烫伤药和爱吃的零食，但当孩子走向窗户的时候，你要第一时间制止孩子。因为窗户旁可能出现的危险是我们不可控制的，所以要及时制止，但当摸开水壶可能被烫到手的时候，你先安静观察就好了。当然也要能确定这个热水壶是不会给孩子带来大的伤害的。家长要做得就是在降低对孩子的伤害的同时，完成对孩子的科学教养。如果孩子烫到了，您可以抚摸着孩子的手说，妈妈很抱歉，没能第一时间要你远离危险，这是妈妈的错。妈妈知道你好奇心很重，虽然叮嘱你远离危险，但还是忽视了你对探险的兴趣，未来你还是可以去探索你喜欢的东西，但是不能再去涉足妈妈提醒过的危险地方了，如果还想去，就想想今天挨烫之后的疼痛。这就是一个完整的教养过程。家长不是不能批评孩子，但是需要注意的是面对孩子先肯定再否定的前提，这样的提议方式不光是孩子比较好接受，就是对成人也是比较有效的。

其次是主动道歉，家长要勇于承认自身的问题，给孩子做出表率，也为缓解孩子的焦虑做出努力。作为成人，我当然明白您的出发点都是好的，但是站在孩子的角度来思考，他完成一个行为，必然是他认同这个行为，所以一味地指责与说教，孩子一般是不好接受的。家长要勇于为自己的方式方法向孩子道歉，家长的主动可能会平复孩子的情绪，引起孩子的反思。

当然，还有一些其他原因让孩子形成焦虑和焦虑反作用力。例如，父母和孩子间不安全的依恋、父母的过度保护与控制、缺乏温度、批评与拒绝的教养方式等，家庭环境中的家庭凝聚力、家庭冲突、父母的婚姻关系模式、家庭中的同胞关系、伙伴关系、生理发育、好奇与恐惧等都是导致孩子焦虑的因素。我曾经和同事们一起策划、组织了十余年省市级中学生心理剧展示活动，听孩子们讲述他们的困惑和焦虑。他们用舞台剧的方式，把自己的问题展示给我们这些成人并寻求解决办法。他们或者在讲述个子太高的女生的困扰，或者在讲述再婚家庭关系处理的问题，或者在思考三孩时代爸爸妈妈会更爱谁一些，或者在倾诉面对校园冷暴力的无助，还有的在讲述青春期前期身体发育变化带来的心理冲击。这其中来自学业的困惑占比很小，绝大多数都是成人会忽视，觉得不是问题的问题。

前段时间我看了一组摄影照片，一位摄影师把相机绑在他不到三岁的儿子的胸前。从孩子的视角看世界，发现与我们成人眼中的世界完全不同。其实这个浅显的道理大家都懂。只是当亲眼看到那些图片的时候，仍然会觉得受到冲击。教育也是一样的。当父母觉得孩子不过是被眼前的一汪水沟和一个丘陵困住的时候，亲子关系之间也就必然出现了盲区。只有当父母把见识的机会给了孩子,孩子不会再被"一叶障目"的时候,亲子关系就和谐了。到那个时候,想往这个关系的容器里注入什么样的教育内容也就不困难了。

因此,作为教育的主要实施者和亲子关系的主要掌控者,父母责无旁贷,要提前对亲子关系的走向进行预判,要为家庭教育做好预案。记住,为人父母是要清醒着实施教育,而不是糊涂着接受后果。

最后,跟大家分享一个效应,叫作多米诺骨牌效应。家庭教育的过程犹如在搭建多米诺骨牌,家长认真、谨慎,可以将"骨牌"排列得很长很壮观,并且不会发生倾倒。在这个过程中,家长肯定是需要付出极大的耐心与毅力,并且以极大的责任心时时提醒自己,避免出错。与此同时还需要防患于未然,将危险及时排除与化解。家庭教育过程中家长的焦虑和这个过程很像,家长总是担忧一句话没嘱咐到可能就会出现问题。其实不会的,你有没有想过,多米诺骨牌倒塌的过程中,我们通常是在第一块倒下之后马上看向第二块,而不是看向最后一块。要知道,并不是所有的倒下都会延伸为不良好或不可逆的结果,所以很多挫折和失败对一个孩子的成长来说大部分时候是积极作用大于消极作用,只不过相当于一、两块骨牌倒下而已。当然,能防控人生的"骨牌"全部倒塌的大前提当然还是良好的亲子关系。

四、看看自己有没有中招

教育焦虑下的亲子关系必然受到影响,会扭曲变形。当然,在我们身边,朋友式、师长式的家长也是不少的,他们和孩子之间亦师亦友,融洽和谐。现在因为要先剖析问题，所以我们只说有问题的部分。变形之下的家长大体可以从两个维度分成四个类型。

第一个维度是从教育职责上来说，一类家长是"遥控器"，也就是整体依赖型。买个东西要上购物网站，货比三家不说，还要验货付款，随时差评伺候，可到了教育上却往往人云亦云、不敢消费，以为老师能替你想好或者做完所有教育的事情。还有一类家长是"机器人"，也就是完全承包型。他们不止把家庭教养的部分背在肩上，也把老师的职责背在肩上，像黄牛一样负重前行，默默承受。第二个维度是从教育方式上来说，一类家长是"直升机"，也就是高压监控性。勤勤恳恳、时时刻刻关注和监督着孩子的一举一动，包括委托监控和网络监控。另一类家长是"割草机"，也就是冲锋陷阵型。一直走在孩子前面，替孩子面对问题、解决问题，扫清前进路上的一切障碍。

在以上这些类型中，要么是家校同步焦虑，也就是老师焦虑什么，家长也焦虑什么，老师什么时候焦虑，家长也什么时候焦虑。要么是教育缺失，当下未必焦虑，但在可以预见的未来，家长终将面对焦虑。更有甚者养育标准高于学校和社会的要求，处在高期待和高强度的教育下，所产生的教育焦虑大概率会在当下或将长期伴随教育的全过程。想想这种情况是怎样开始的？大约可以追溯到孩子的启蒙教育阶段。所以我再次强调我的观点，良好的亲子关系是实施家庭教育的基础，它不仅仅是教与育的基础，更是未来孩子成才的基础。

与上面的家长问题类型相对应，亲子关系也自然呈现出几种问题类型。一类是操纵与被操纵的"木偶关系"。也就是刚刚提到的家长像个"遥控器"，把学校老师和自认为正确的教育指令按照数字进行输入,指导孩子去完成该完成的事情。孩子则像个木偶,被家长和老师进行人生遥控,在缺少自我思考的情况下,完成成长过程。一类是保护与被保护的"依赖关系",也就是前面提到的家长像个"机器人",为孩子和家庭去做很多事情。天长日久,对于孩子来讲,自我思考不重要,甚至给不给指令都不重要,有人能够替他把所有事情都做好,自然最美妙。一类是监控与反监控的"躲避关系"。家长像前面提到的"直升机",不停地盘旋在孩子头顶实施实时监控,而孩子为了摆脱监控,自然会想出各种技巧、花招、借口。在这场智力与体力的较量中,最终往往败下阵来的是家长。一类是施恩与反施恩的"怨怼关系"。家长像"割草机"一样,为孩子扫除一切障碍,无私奉献,而孩子却可能在不了解、不理解,以及自我受伤的情况下并不领情、买账或者怨怼。家长的心理活动是我为了你容易吗?孩子的心理活动是我让你做了吗?

看到这里,可能很多家长都有共鸣,是啊!现在我家就是这样的敌对关系。是我们的动机有问题吗?我们不爱自己孩子?显然不是,天下绝大多数的父母都是很爱自己孩子的。是我们的心态出现问题了吗?是的,我们过于急躁地去面对孩子问题,把自己的焦虑变为孩子的焦虑,变为家庭的焦虑。是我们的方法出问题了吗?是的,作为家长,要用的手段、方式自然应该高于孩子的认知。如果感觉存在问题,现在就去调整您的亲子关系,希望一切为之未晚。

五、该怎么看待焦虑这件事

人本主义心理学家弗洛姆曾经说过:"家长和孩子的关系是矛盾

的。它要求家长付出最强烈的爱，但这种爱又必须帮助孩子成长而远离家长，最终完全独立。"在爱孩子的同时又能让他离开，鼓励他离开，这才是亲子关系的实质。对于大多数家长来说，这都是很难完成的任务。尤其是对妈妈来说更是难度巨大。现实中，家长往往是即使知道孩子终将远去，却又控制不住自己不停地唠叨嘱咐："钱带够了吗？衣服穿暖了吗？路上一定要小心啊！"现实中，家长往往是即使知道孩子终将远去，却又忍不住送一程、再送一程。也正因此，我们其实心里清楚亲子关系中的焦虑主要来自父母，尤其来自父母对于未知与分离的恐惧。

　　这些年有很多年轻的爸爸妈妈把新生的宝宝抱到我面前夸耀自己的孩子聪明、漂亮，以前出于礼貌和祝福，我会说："太好了，一定会的。"现在，随着看到的越来越多，我总会忍不住提醒一句："很好的孩子，适度给予，别让太多的爱毁掉一个天才。"可我也知道，即便说的再多，很多家长当时也未必听得明白。也经常会有家长问我："是不是现在的孩子都非常聪明？""将来长大了是不是会比我们这些父母有出息得多？"我说未必。如果从人类进化的角度和当下孩子智力发育情况看，普遍呈现一代比一代聪明的情况，这是一定的。但为什么说未必呢？原因在于孩子聪明的天性在很大程度上被不那么聪明的父母在后天培养过程中扼杀或者扭曲了。因此，即使孩子的聪明程度超过父母，其未来也未必是强过父母的。心理学上认为每一个孩子都是天才，但是错误的亲子关系导致了错误的教养，这些错误的教养把每一个天才变为庸才。虽然不知有多少家长在那时、那刻、那情景，还能听进这么一句人情味不多的话，但总又期盼着万一多年以后有人偶尔想起，能够指导反思和校正自己的做法就很好了。我们并不期待孩子能成天才，毕竟高处不胜寒，但我们也不能把普通和平庸画等号，把两者相混淆。我们不一定需要天才，但我们拒绝平庸。可是在家庭教育的过程中，我们常常看到的是家长们一方面希望能够掌控孩子的成长轨迹，另一方面又担心自己给孩子的是否不够，于是我们看到的往往是家长不停地供给，占用孩子的时间与空间，同时又可能会因为孩子的懈怠或不满而疲惫和委屈。其实，好的教育从来都不是控制与给予，而是懂得适可而止。这是所有教育的实质。我们很多人只是因为情感左右了理智，往往做多错多而已。所以从现在开始，您应该调整您对亲子关系的想法与做法，去静待您家孩子成为他可以成为的样子，而非您期待的样子。

曾看到一则新闻，新手妈妈坚持新式育儿，学习了"婴儿自助睡眠训练"，训练自己三个月大的孩子趴睡，因为方法不恰当，导致孩子在挣扎了两个小时后窒息死亡。年轻妈妈们聚在一起，经常能听到一些经验分享。"我家孩子在学编程，用的是某某体系"，"那已经过时了，我们用的是最热门的某某体系教程"。目前社会上的艺术教育比较普遍地采用考级方式，这从人的培养和艺术能力培养的视角来看，并不是很科学的事情，可现实中家长们却是趋之若鹜。诸如此类，不胜枚举。我们为什么会把自己没有完全弄懂的实践用在自己的孩子身上？答案应该是捷径，我们在不自觉地寻找捷径。为什么我们要寻找捷径？因为我们生活中充斥着快节奏，充斥着速成，禁不住诱惑的我们开始不愿意接纳循序渐进的过程了。苹果智能手机出现的时候，乔布斯自豪地说："我实现了每个人心中的梦想，动动手指就解决一切问题。"乔布斯利用人的特性建立了商业帝国，我们能不能通过找回人的本性去踏踏实实地建立家庭关系、亲子关系,真的做到按部就班,循序渐进,不冒进、不走捷径呢？不难也难,归根结底还要看个人的生活智慧。

可能很多家长会问,你一直在强调亲子关系,好像什么问题都能用亲子关系来解决,你说的是真的吗？同样的教养方式在良好的亲子关系与不好的亲子关系中,真的会出现你所说的区别吗？您现在可以思考一个场景,您要好的朋友(兄弟或闺蜜)弄坏了您的手机,与陌生人弄坏了您的手机,您会用一种态度来应对吗？通常是不一样的,我们会对"自己人"更宽容。是什么决定了您的态度？是不是您与您兄弟或闺蜜多年建立的友谊？同样的,一些不当的教养方式虽然会导致孩子不舒服甚至产生逆反的想法,但是如果是不良的亲子关系,双方都不会在意表达不满和产生冲突,而拥有良好的亲子关系的家庭成员之间往往为了顾忌彼此,而更愿意换一种方式来互动。所以说,家长作为这个世界上最应该了解自己孩子的人,解决问题的钥匙不是在他人手里,而是在自己手里,这把钥匙就是我们一直强调的亲子关系。

我非常喜欢《爱的教育》这本书。这是意大利作家亚米契斯的一部日记体小说,以一个四年级小学生安利柯的视角和口吻来讲述他身边发生的一些事情,为我们展示了乐观、善良、责任、公德、友爱等人性中的正能量,展现了一个充满爱和温度的世界。其中,家庭成员间的互动特别是亲子关系的互动,让我们看到世间有"爱"这件武器,即使是平凡的普通人,一旦拥有了"爱"的能力,将产生巨大的能量,从而完成很多具有挑战性的事情。在漫长的人生岁月中,纵使是再熟悉不过的家庭成员之间,能够被记住的语言内容,或者动作细节也是非常有限的。终其一生,能够沉淀下来最为厚重的记忆其实是人与人之间的感觉。

比如是爱他、信他、依赖他，还是厌他、嫌他、鄙视他。因此，父母一定不要忘记自己养育孩子的初心，不要因为一时的焦虑，而影响了亲子关系的走向。更不要因为学习成绩这件仅占人生中一个阶段的事情，而影响了一生的亲子关系。回归亲子关系的本质，这是父母必经的一段人生旅程，必需的一场情感修行。

　　咱们来分享一下焦虑教育导致亲子关系出问题的案例。焦虑是一种可感知的状态，有它自己的表现形式。如果你对孩子过分挑剔、过分不满意，或者你的孩子对自己过分挑剔、过分不满意，你的家庭教育肯定是焦虑的，你们的亲子关系一定是紧张的。因为以上表现就是典型的焦虑的体现。很多家长可能会说："我们不焦虑。"那也许是你感受不到，或者是你不愿承认罢了。我有一个小友的孩子，今年5岁了，面对他的学习问题，好像每个人都特别紧张，不知道从哪学会的，每天的学习问题需要做到日日清，每天都要拿着书问宝宝各种问题。当我小友和我说起的时候，我出于友情和专业本能提出了异议，但是被很友好地忽视了。毫不夸张地说，我是看着他家宝宝从原来对很多事情充满好奇心，每天都很快乐，变得对自己越来越严格，每天不等家人问，就自己开始看书，嘴里还在说今天学的要看懂、要学会。也许他的家人觉得很开心，但是我却感觉有些难过。看着这样一个小人儿在应该游戏的幼儿期就陷于学习中，陷于每天的按部就班中，陷于焦虑的氛围中，是不是对一个5岁的孩子来说有些残忍了？看着一个5岁的孩子每天对着一本书发愁，每天絮絮叨叨的都是英文单词，失去了他本该拥有的快乐，我担心这坚持不了多久。果然，在孩子刚刚上一年级的时候成绩出现了很大的问题。小友第一时间找我倾诉："李老师这可咋整啊！

这才 7 岁啊,咋就厌学了? "先不说是哪位专家为孩子判定的厌学,单来看看孩子的所谓厌学来源于什么吧。其实很简单,就是来源于孩子四五岁的时候每天在家长监督下的学学学,来源于孩子那每天愁眉苦脸的样子。小友是一个典型的理科男,真诚地承认了当年的错误,但更希望找到解决现在孩子现状的方法。遗憾的是,在短时间内没有方法,因为问题不在孩子身上。孩子表现出的所谓厌学原因有两个:第一是家庭焦虑导致孩子焦虑,这样的焦虑致使孩子对本该好奇的学习失去了兴趣;第二是孩子在一年级所学习的知识,在孩子四五岁的时候已经学过一遍了。孩子不会懂得温故而知新的道理,他很无奈地坐在教室里,听到的都是自己知道的,这个时候就没有了兴趣,失去了继续听的动力,所以"厌学"就是正常的。

再比如,一位久未见面的外地朋友忽然来电,在电话中他失声痛哭,原因是刚刚步入初中的女儿不想上学,甚至想到了轻生。原来,孩子自小不算聪明,上学之后学习成绩一直勉勉强强,到了中学又开始出现下滑的势头,爸爸妈妈肯定一直没少操心着急,爸爸更是急起来会打骂孩子。孩子几次流露出活着没有意思要轻生的念头,爸爸妈妈这才着急起来,四处求援。跟孩子聊了聊,发现孩子其实很在意爸爸妈妈的看法与态度,很希望自己学习很好,让爸妈骄傲,但努力试了才发现自己达不到爸妈的期望,也就对自己失望了。我知道,家长的焦虑传递给了孩子,孩子也焦虑了。焦虑之后的孩子是无助的,对学习、生活,甚至生命都失去了兴趣。

这里几次提到了"兴趣",这是孩子在 12 岁之前甚至可以延长到 14 岁最重要的一种能力。因为兴趣是家长帮助孩子建立能力的最主要途径之一。这里所说的能力,就是我们一直期待的孩子身上出现的东西。我们总是觉得讲道理可以帮助孩子建立能力,所以不厌其烦地每天给孩子讲道理,其实这不是在建立能力,而是在进行焦虑传染。孩子和成人的能力发展没有本质区别,都是需要依靠自我意识与自主建立的帮助来完成自我成长的,而不是别人的喋喋不休。孩子自我建立的基础就是兴趣,如果我们用自己的焦虑伤害了孩子的兴趣,又怎么可能期待孩子完成自我成长呢?因此,请家长们放下不必要的焦虑吧,尝试改变看待孩子的眼光,循序渐进、静待花开。相信在大家很小的时候就学过一个寓言故事,故事的名字叫揠苗助长,大家都明白这个寓言的意义所在,它不是种田的说明书,而是告诉我们要举一反三地看待生活。培养孩子比任何事情都需要耐心,不能违背儿童成长的自然规律。如何合理转化与利用焦虑,在下一讲中我们再聊。

网友问题互动

网友：总有人说家庭 KPI 很危险，容易造成家庭亲子关系失衡，需要远离，是吗？

我：当然。KPI 是经济领域的术语，是企业与商业发展状况的考量指标。而家是滋养人身心的沃土，家庭中的亲密关系是人的精神港湾，需要用心经营。而且，人心是无法测量更无法考核的，一旦家庭关系中掺入了冰冷的可量化数值，亲子关系自然容易疏离甚至失衡，因此必须远离。

网友：作为家长，面对资质平庸甚至愚钝的孩子，如何调整心态？

我：每一个孩子生来都有自己的特点与优势，所谓资质平庸甚至愚钝，大抵是针对孩子的学业情况所说的吧。世间本无事，庸人自扰之。事情本身并不是问题，看待事情的心态才是问题。我的老师曾经说过，作风正派、自食其力的孩子都是好孩子。家长们应该让自己的心态积极起来，去发现孩子的闪光点并将之培养、放大。

与其改变孩子 不如改变自己

第三讲　焦虑还可以被利用，你知道吗？

也许这时已经有人在腹诽，不要放大焦虑的危害。焦虑的确有消极作用，但又不全然只有消极作用，是可以矫正的，也有其积极作用可以加以利用。

一、焦虑矫正法

中国哲学早有论述，孔子的学生子贡问孔子，子张和子夏哪个贤明，孔子回答：子张超出要求，子夏达不到要求，二人是一样的，即"过犹不及"。北宋程颐发展了老子的思想，提出"物极则反、事极则变"，由此衍生出的"物极必反"一词流传至今。20世纪初起，西方学者就开始从理论的角度研究焦虑问题。焦虑研究分为两个流派，分别是以驱动力为核心的爱屋华学派和以妨碍说为核心的耶鲁学派。结合中外古今，我的观点是：适度焦虑是合理存在，是增强内驱力的原动力。不适度的焦虑要加以矫正，使焦虑能够被驾驭，为人的发展服务。

家庭教育的主要实施阶段是在孩子真正成年、真正独立之前，因此也就决定了家庭教育主要的实施者是父母,家庭教育中主要焦虑的人当然也是父母。因此,接下来要接受矫正的首先是父母。那么接下来我们聊聊对于焦虑的不当矫正。

第一步,重新认识家庭教育的主责。

苏联教育家苏霍姆林斯基把孩子比作一块大理石。他说,要把这块大理石做成雕像,需要六位雕塑家共同完成:家庭、学校、孩子所在的群体、本人、书籍、偶然出现的外因。这其中,家庭虽然排在首位,却也只是六个原因之一。就是说,家庭教育无法承担对一个人全部的教育责任。因此,纵使家长再焦虑,也只能完成家庭教育所能完成的一部分责任。要知道,人生路上沿途风景很丰富,岔路也很多,难免会出于什么原因而偏离了来时的方向和目标。既然焦虑无用,那如何才能回归初心呢?要想让亲子关系回归本然,就需要重新去认识家庭教育的主责。

家庭是教孩子做人的地方。2018 年,习近平在参加全国教育工作会议时讲话,专门提到家庭是人生的第一所学校,家长是孩子的第一任老师,要给孩子讲好"人生第一课",帮助扣好人生第一粒扣子。这话说得平实而严谨,是朴素的真理。那么哪些是家庭教育必须完成的呢?中国台湾有个做法,给家庭教育立法。在《家庭教育法》中,明确家庭教育的内涵:亲职教育(加强父母职能)、子女教育(增进子女本分)、两性教育(增进性别认知)、婚姻教育(增进夫妻关系)、伦理教育(增进尊重与关注)、家庭资源与管理教育(家庭资源使用与管理能力培养)。21 世纪初,赵雨林老师曾提出家庭教育要做"三道",即为生之道、为人之道、为学之道。为生之道,以生命健康为核心,由生理保健、心理健康、安全适应三方面组成;为人之道,以生命价值为核心,由生命角色、人格人生、处事修养三方面组成；为学之道，以生命智慧为核心，由学习品质、综合素养、自主专长三方面组成。

在这一点上中外是相通的。在西方国家，家庭教育通常被称为家庭生活教育，也就是夸美纽斯形容的"妈妈膝前的教育"。在妈妈的膝前，很少的时间是用来做数学、学物理的，绝大多数的时间都是用来谈心事、聊感情、说想法的。美国前总统奥巴马也曾经专门讲到过"妈妈的厨房"，单亲家庭长大的奥巴马，在厨房看妈妈做饭，和妈妈吃饭。在日复一日的聊天中，奥巴马完成了审美情趣的建立、思维逻辑的形成、行为壁垒的建设。中国的著名母亲孟母，是通过断机杼、搬新家的方式完成对孩子的教育。

家庭教育一旦回归主责，亲子之间的互动内容、互动方式、互动状态都会随之调整。当父母和孩子聊学习的话题比例逐渐降下来，聊生活、情绪、情感的话题比例逐渐升上去；当父母和孩子通过游戏、陪伴逐渐增强了解，达到相互尊重的时候；当孩子把父母当作知心人和自己人的时候，亲子关系自然也就轻松和谐了许多。

第二步，不要盲目焦虑，对照正常、健康的家庭教育标准查缺补漏，要符合科学规律、展现良性特点。

教育从其被定义的那一天开始，就有了标准化的研究。家庭教育自然也是具有标准的。事物的标准至少是两面性，甚至是多面性的。我们会把不好的家庭教育标准提出来用以警示，把好的家庭教育标准提出来，进行查缺补漏。

不好的家庭教育具有以下特点：随意性、跳跃性、僵化性、滞后性、多变性。

随意性：对孩子的教育缺少科学性、系统性的规划，完全凭心情想从什么时候开始就从什么时候开始。想从哪个能力板块开始就从哪个能力板块开始。

跳跃性：对孩子的教育时而连接，时而中断。对能力的培养、问题的解决也会忽左忽右，缺少延续性。

僵化性：教育的方式、载体不够灵活。长期用一个方式解决问题，不进行调整变化。

滞后性：在教育的时间上存在时机滞后，不能及时抓住问题、解决问题。在教育观念上落伍过时，不能跟上时代，没有办法打动孩子。

多变性：父母在教育的过程中标准不一致、情绪不稳定。过于情绪化、逻辑混乱、标准混乱，是当下很多孩子对问题家长的评价。

良好的家庭教育具有早期性、连续性、权威性、感染性、及时性的特点。

早期性：父母的学习和准备要体现早期性。我一直呼吁父母要从备孕期开始学习。对孩子教育的起始时间要体现早期性，越早越好。除了一岁以内人相对弱小，身体发育放在第一位之外，其他时间均可接受全面教育。所谓"3岁看大、7岁看老"，指的是孩子到学前很多意识、习惯、能力已经完成基础建设部分。一个人的智力发育也一样。美国心理学家布鲁姆研究发现，4岁的孩子已达到成人智力水平的50%，到8岁再增加30%，到17岁基本都达到最高峰值。孩子的特性也决定了教育要占领早期"阵地"，"染于苍则苍、染于黄则黄"说的就是这个特点，对于孩子来说，相比后期的矫正，早期的干预与建立明显简单而重要得多。

连续性：人在成年前，通常有约三分之二的时间与家人相处，所以要求家庭教育不止在时间上要连续，在维度上要连续，在深度上也要连续。梁启超先生育有九子，其中七人为国家栋梁、社会名士，这绝不仅仅因为其父亲的缘故，更源于梁先生家风严格、重视教育、坚持不懈。家庭对人在未成年期的影响力不可估量，当今的中国社会孩子成年普遍延后，所以要求家庭教育要有连续性规划。我建议按照 0 岁到 20 岁进行规划，相对比较合理。

权威性：年轻的爸爸妈妈对家庭教育有一定的误区，再加上自身孩子的天性还未褪去，所以很多人看到这一条都会反感，你们可能会更推崇"所谓"西方的思想，认为家庭教育是民主的、平等的、自由的。之所以说所谓，是因为这其实是大家自我理解和定义的，与真正的西方思想无关。在家庭教育中，家长一定是在孩子的面前体现出权力和威严来的。因为孩子在其成长中在情感、物质等方面对长辈的依赖性，决定了有能力提供好的环境和解决实际问题的家长是有权力感的。因为孩子在伦理关系和根本利益等方面对家长的服从性，决定了能够做好各自职责的家长是具有权力感的。

感染性：由于家长和孩子之间关系的天然性和密切性，决定了相互间的情绪、方式、习惯具有极强的感染性。两者之间的感染力是会相互转化的。成年前，由于孩子的被动与弱势，往往受家长的影响。成年后，随着家长的退化和弱势，又开始受孩子的影响。感染性强的家庭教育渠道是畅通的，感染结果好的家庭教育工作是成功的。比如，一个爱登山的朋友，总是把他登山的心得、攻略、收获分享给身边人，孩子慢慢也开始爱上登山。

及时性：家庭教育是因地制宜、因人而异、因材施教的"私人订制"，第一时间发现问题、了解问题、解决问题，不让小问题过夜、不让小毛病堆积、不让小隐患恶化，这是只有家庭教育才能够实现的及时性，是好的家庭教育必须具备的特征之一。

孩子在成长路上与家长之间一直是抗争与制衡的关系，如果达不到平衡，就会形成焦虑。以健康家庭教育标准实施家庭教育的父母，一定是进行了一个长期、有序的教育工程，所教导出的孩子想来应该是不差的。耐心、细致的父母和懂事、成才的孩子之间的亲子互动关系肯定是良性的。

第三步，家庭教育是学校教育的补充和社会教育的衔接，要到位而不越位。

前面我们提到，很多家长担心的，不是给孩子太多了，而是太少了；不是太好了，而是还不够好。很多家长更是积极主动地把学校教育的职责承担了过来，让孩子觉得在家里比在学校还紧张，甚至窒息。有的孩子说："我愿意去学校，不是因为我喜欢去学校，而是因为我不愿意在家里。在家里，偶尔几天还可以，时间长了真的受不了，与其在家里听着爸爸妈妈唠叨，还不如去学校，至少还有同学可以一起玩儿。"所以我们的家长要反问自己，我们所焦虑的是否只是家庭教育的那一部分？是不是也包括学校教育的那一部分？我们的家庭教育对于学校教育的补充和社会教育的衔接是到位了，还是已经越位了呢？

当然，有学习障碍的孩子确实是客观存在的，是需要学校和家庭双方面都付出更多的努力来进行帮助的。关于学习困难的孩子，在这里我们会涉及一部分。在下一讲中，我还会在关于剖宫产孩子的养育中进行再次探讨。因为学习困难的成因很多，剖宫产儿是一个特定人群，与学习障碍人群有部分交叉。因此，在这里我们先对学习障碍进行一轮探讨，下一讲我们再结合剖宫产儿的养育继续探讨学习障碍及其问题解决。

《发展心理学》一书曾对学习障碍进行过究因。大致原因有四个方面：儿童多动症、特殊能力发育迟缓、发育迟缓、品行障碍。

多动的孩子注意力涣散、活动量过度。澳大利亚的霍尔鲍姆和贝里的实验证明，有接近 70% 学习困难的孩子存在多动问题。上海曾对近两千名学习困难的孩子的追踪分析也显示，有超过 80% 的孩子存在多动问题。这里所说的多动并不是多动症，或者说不全是多动症。这里的多动更多指的是感统失调，感统失调最直接的表现就是在行为异常层面，在非心理学专业的老师或家长看来很容易和多动症混淆。切记，被确认为感觉统合失调的孩子需要确认症状与失调的原因，之后通过针对性训练进行逐步调整。

多动的孩子需要通过长期、系统的运动训练和注意力训练来进行培养。要注意大运动与精细运动相结合，要注意针对孩子自身特点设计训练内容，要注意在进行运动训练和注意力训练的同时培养自尊心和成就感。当然除了专业性训练之外，还要注意孩子在生活层面的训练。比如让更多的关注去填充孩子的生活内容，多带孩子去用眼睛寻找他感兴趣的东西。一般情况下，调整多动孩子的专业训练应从体育下手，而生活方面的训练则往往可以从艺术下手。因为不仅仅是阿斯伯格综合征（Asperger's Syndrome）的孩子会存在艺术类天赋，普通的多动孩子也会在艺术层面拥有一定的天赋，这样的孩子会对艺术有更多的兴趣,我们可以利用孩子的兴趣来有效培养孩子的注意力。始于艺术而不必拘泥于艺术,因为多动的孩子要比其他孩子对新事物更具好奇心,所以也可以利用孩子对其他新鲜事物的好奇感去培养注意力。只是要注意训练在一个新事物上的专注时间要尽量保持得长久一些。

在多动孩子的自控能力层面则需要家长去为孩子营造更好的内部与外部环境。内在环境营造指的是,孩子房间的装饰要尽量少地使用多种颜色,孩子房间的家具要尽量减少复杂的颜色搭配,孩子房间的饰物要尽量减少数量,这样可以有效排除外物对孩子的干扰,有助于孩子在房间里的时候集中注意力与注意力时间的延长。对待多动的孩子,我们能做的只能是多一些耐心、多一些陪伴、多一些训练,每天多延长注意力集中的时间,一点一滴不断积累,这样孩子的注意力会被慢慢培养起来。外部环境营造相对内部要容易一些,我们不能改变外部事物对孩子的吸引,但是我们可以控制孩子被吸引的时间,比如我们可以以比较疲劳为借口长时间地停留在一个地方休息。这个时候您旁边的孩子就会从多重吸引变为单一吸引,目的就是要孩子逐步熟悉一个地方的环境,哪怕是多重吸引,只要停留的时间足够长,就可以做到从多重变为单一,从多重的事物吸引变为单一环境吸引。这样的做法是会对孩子的注意力培养有益处的,而且当孩子的专注力从事物吸引转变为环境吸引的时候,还可以从侧面帮助孩子提升观察能力。记住,无论是否是多动的孩子,只要是人,他的观察力越强,注意力就越高。家长需要的是耐心,引导孩子掌握正确的学习方法。比如观察东西要从左到右,或者从右到左,不要做穿插跳跃搜索。再比如,观察东西可以先看事物的整体,再到局部细致的观察,同样也要避免孩子的跳跃搜索。这里所说的引导，是在孩子观察事物的时候，提出各类型的引导性问题，用问题指引孩子进行方法学习，而不是机械灌输与说教。比如从左到右，我们就先问孩子左边是什么，然后一点点地问到右边，避免以机械的方式询问，要注意引发孩子兴趣，引起孩子的表达意愿，这样才能慢慢强化孩子的学习方法。

特殊能力发育迟缓通常表现在阅读和运算能力方面。这通常是由与能力相对应的脑部发育出现问题所造成的。解决方案分为两种，一种是避短，一种是补短。我们中国的家长通常会采取补短的方法。就像广告语所说的："哪里不会点哪里！妈妈再也不用担心我的学习。"如果要补短，就需要分层次、有针对性地不断进行强化训练，用量变换取质变。当脑部区域被长期强化训练所激活，能力稳定之后补短工作也就完成。再来说说避短，据一些报道显示，西方有几位名人，在一定程度上存在阅读障碍。既然他们在出名以后甚至担任总统期间被发现存在阅读障碍问题，说明他们在小的时候出现这个问题时并没有被纠正过。他们的教育理念让他们的家庭教育选择了前者，并没有刻意补短，而是在避短的同时进行了扬长。对于这两种选择，我无法说哪一种更高明，或者应该选择哪一种，家长需要根据孩子的具体情况，以及自己家庭教育的具体情况进行选择和安排。

再来说说发育迟缓的问题。有人做过骨龄分析，发现有学习障碍的孩子通常骨龄偏小。追根溯源，其在婴幼儿时期走路、说话的时间也晚于同龄孩子。发育迟缓的孩子通常是活动不灵活的，显得手脚不够协调、行动比较笨拙。他们通常在运动和书写等方面存在一定困难，表现出视觉运动性感知障碍。面对发育迟缓的孩子，我通常会建议家长考虑让孩子晚一两年入学。同时对孩子有针对性地进行体育训练，可以考虑长跑、足球、篮球、冰雪等大运动项目。还需要根据孩子的发育特点及运动情况搭配合理的营养膳食。发育迟缓的孩子一定存在学习困难的问题，但学习困难的孩子不一定都存在发育迟缓问题。有一些学习困难但体育运动能力很强的孩子、一些喜欢打游戏的孩子等，通常是因为兴趣优势的原因而不属于发育迟缓带来的。因为兴趣原因而造成的学习障碍，要进行兴趣引导，需要和发育迟缓的孩子区分对待。

　　品行障碍中以情绪和行为障碍最为突出，情绪不稳通常表现为两个极端，要么孤僻、不合群，要么易冲动、好攻击。这通常是他们将失败的原因归结为外部因素的结果。其自我意识的概念比较差，自我评价比较低，人际关系不太稳定或者有偏差。品行障碍的孩子通常学业也是存在障碍的。这个时候，首先要解决的不是学习障碍问题，而是人际关系问题。对于这样的孩子，家长要拿出与其他家庭不同的百倍的耐心与包容来慢慢地改变他。这其中可能面临的最大困难是父母本身也存在一定的心理障碍或很严重的家庭矛盾冲突。对于这样的孩子，老师也需要在班级内刻意营造出良好的人际氛围进行包容，防止群体无意识伤害和校园暴力把他推到离人群更远的地方，乃至犯罪。品行障碍是亲子关系出现了问题后孩子最容易形成的一种问题。看着品行障碍这样的描述是不是会觉得问题很严重？先别紧张，因为品行障碍是冒充者综合征（Impostor Syndrome）的前期，也是呈现稳定人格问题的前期，还有挽回的余地与可能。如果品行障碍不能得到及时有效的解决，未来当孩子长大后就会很容易转化为骗子综合征（Impostor Phenomenon），直至犯罪。那将是伴随一个孩子一生的悲剧，所以再次强调，亲子关系是否良好，对孩子成长至关重要。

这些障碍都会引发学习困难，需要家校合作，各尽其责、相互补充、不断修正。除此之外，家庭教育还有一些别的教育替代不了的更重要的职责。这一部分恰恰是随着社会物质文明化程度越来越高，而逐渐被忽视掉的一部分，那就是家风的建设。这不是赶时髦、唱高调，而是对古往今来的中华优良传统的重拾和发展。我们的家庭教育出现问题，在很大程度上与这一部分的缺失有关。

中国古人家庭教育有"七不责""五不怨"。"七不责"是对众不责、愧悔不责、暮夜不责、饮食不责、欢庆不责、悲忧不责、疾病不责。"五不怨"是不抱怨父母无能、不抱怨父母啰唆、不抱怨父母抱怨、不抱怨父母迟缓、不抱怨父母生病。

颜之推的《颜氏家训》被称为古今第一家训，虽然随着时代变迁，其中一些观念已不适用，但也有很多信手拈来的"金句"。比如，"醒悟做事，反思做人。夜觉晓非，今悔昨失""父母威严而有慈，则子女畏慎而生孝矣（慈如深海、威如泰山）""积财千万、无过读书（立身以立学为先、立学以读书为本）""巧伪不如拙诚（诚以待人、童叟无欺）""与善人居，如入芝兰之室，久而自芳也；与恶人居，如入鲍鱼之肆，久而自臭也（耳濡目染、环境育人）"，等等。

《曾国藩家训》内容也是颇为丰富，广为流传的是，"家俭则兴，人勤则健；能勤能俭，永不贫贱"。

李开复先生家庭教育有"五要""五不要"。"五要"是要教孩子"自己想办法"、要把选择权留给孩子、要培养孩子的责任心、要保护孩子的好奇心、要信任孩子。"五不要"是不要用太多规矩限制孩子的自由、不要惩罚孩子的失败、不要总对孩子说教、不要包办代替、不要过多干预插手孩子的事。

列举这么多先贤、名士家庭教育的要点，无非是鼓励大家有时间的时候，再去读读这些家训原文或者更多的先贤家训，从而提炼和整理出自己的家风、家训。当然更多的，还是想给大家看好的家族、好的家风、好的教育始终是重视人的学习的，古往今来没有改变。好的家庭教育更重视人的全面、长足的发展和大格局观、小细节的养成。这才是我要跟大家交流的重点。

良好家风是一个家庭的隐形财富，是最具价值的"不动产"。好的家庭教育从来都是有"魂"的，提炼的出自己的结论和逻辑，守得住自己的职责。学习的篇幅只占很小的一部分，而且更多的指向学习习惯和学习品质，而非学习成绩。好的家庭教育拒绝流水线标准化生产，能够最大限度地保护孩子的特点与个性，当家长的关注从学习成绩这件事上转移分散到整个生活乃至生命的全部，也许就不会这么焦虑了。关于认识和正视孩子的个体生命特点并加以教育的部分，我们在后面会谈到。好的家庭教育是能够做到"守土有责"，与学校教育、社会教育衔接、补充的，不过分强化某一部分，也不会让某一部分出现"盲点"，让孩子的生命出现"bug"。

第四步，用人性和发展的眼光认识真正的、自己的孩子。

我一直认为，孩子是无比珍贵的"生命之馈"，对于父母来说，如果生的是同性的孩子，那么对于自己生命中曾经经历的幼年和童年成长的未知成长部分，能够有机会进行一次重新体验；如果生的是异性的孩子，那么就多了一次了解异性成长经历和精神世界的机会。因此，才会有那么多人把儿女双全称为"好"吧。无论哪种机会，都是我们从不同维度、不同视角解读生命的机会，好好珍惜还来不及，怎么还要"焦虑"呢！

口头上，我们都认同一句话："每个人都是这个世界上独一无二的存在。"我们自己是这样，我们的孩子也是这样。但到了家庭教育实践中，却总是最容易忘记这一点，于是就有了"别人家的孩子"，就有了"标准化的人生"。我跟很多家长讲过，生命长成的过程很像植物的生长过程，如果你种下"豌豆"，绝不会长出"番茄"，我们必须而且只能尊重生命规律和个体差异，让孩子长成该长成的样子。

对于独一无二的生命个体来说，长成与众不同而且自己喜欢的美好才是使命，绝不是获得什么学习成绩和功名利禄。人格和性格培养才是第一要务。还记得我们前面提到的"穷人家的富二代""十几岁的孩子校园暴力事件""青少年网络成瘾""网络暴力""大学生信贷裸照丑闻"……甚至校园吸毒人数居高不下等问题吗？有人说，是社会有问题，才导致了孩子的成长有问题。我说，社会环境一定是出现了问题，监管不力、追捧名利、道德底线降低。如果不是意识到问题的危害性，中央怎么会下大力气进行社会环境综合治理呢？这几年，"限娱令"的颁布，科技投入与奖励的加强，《文明行为促进条例》的出台，"品牌日"的设立，无不体现出中央的决心和引领的方向。相信在不久的将来，我们的社会综合环境一定能得到极大的提升。

与社会环境问题相比，我更关注的是家庭教育的部分。我们不能把所有问题都推给社会、推给学校，在这其中，家庭教育的确是出现了问题。孩子的成长之所以容易受到环境的左右，其根源还在于身心健康不达标，人格"堤坝"没筑牢，性格品德有"缺陷"，"三观"构建出问题。因此，必须从修正自身做起。很多人在讲"复印件有问题了应该改原件"，原件当然要改，但我想问一问，复印件会拿出去使用吗？如果会，那也是要改的呀。因此，不要一提到家庭教育，就只要求家长改变，一定也要帮着家长让孩子改变才可以。

下面我们来说说如何顺应孩子的发展规律，帮助孩子顺利成长的问题吧。

从脑科学的角度出发，我们来了解一下人的发展特点。要知道，人的大脑只有三磅，占整个身体比重的2%，却调动和消耗着身体20%的能量，那么它的重要性就无须赘述了。因此，它也不可能无时无刻去注意所有的刺激，行为习惯化会节省大脑资源。人类有大约60%的行为是可以习惯化的，"久入鲍鱼之肆不闻其臭、久入芝兰之室不闻其香"就是这个原理。不知大家有没有和我相同的经历，边开车边想事情，结果发现靠无意识习惯行为就到家了。当然也因为靠习惯，有一次一边思考事情，一边回到了刚刚搬走的旧家。

之后我很多年不开车了，因为把开车当成下意识的习惯这个习惯还是挺危险的。但如果用在良好行为习惯养成方面，就显得难能可贵了。因为品格决定命运、习惯决定机会，一些看似无伤大雅的习惯会影响你的发展与升迁。比如，考试前先复习完再看电影，还是先看电影再复习呢？用完的东西要不要物归原处，提高之后的效率呢？一个孩子，总是会先把所有功课做完、复习好，然后再看电影，这样功课成绩没问题，电影也看得开心踏实，家长也满意，下一次再有事情也会尊重孩子的安排，形成良性循环。另一个孩子，功课没做完、没有复习好，就开始看电影，其实内心是不踏实的，不只是回头还要赶功课，还要面对家长的唠叨，难看的成绩，下次再有事情安排时家长的不信任等，相互抱怨的循环由此形成。物品有相对固定的位置，不用费时费神寻找，随手就能拿到，大脑就可以节约资源去做其他重要的事情。能够固定的学习习惯和工作流程尽量固定下来，也是同样的道理。所谓"集中精力干大事"，就是"只有精力集中了，才有做成大事的可能"。

因为镜像神经元的存在，模仿成为最原始的也是最好的学习方式。和鸭子一起长大的猪一定是会游水的，道理就是这么简单。模仿好的需要几十次上百次的有意训练，而模仿坏的却往往一次就可以，所以在家庭教育中要求家长要对自己采取高标准、严要求。家庭是孩子最早的学习场所，父母是孩子最初的老师，管教孩子要以身作则。而所谓具有创造力的人，在脑科学领域中的体现就是两个不相干的神经回路碰在一起，活化出第三条回路的过程。脑神经越密集越丰富的人，才越具备成为卓越人才的可能。要知道只有主动学习，神经才会连接，被动学习不会产生神经连接。现在大家就比较清楚，为什么同样坐在一个教室、接受同一个老师的授课，孩子之间的差距越来越大吧，强者恒强，弱者渐弱。出租车司机大脑中管理空间记忆的海马区比公交司机的要大很多，就是主动学习之后产生的改变。因此，与其督促孩子学习的过程，远不如激发孩子的学习兴趣更有效果。

0 到 6 岁孩子的家长与孩子之间是"依恋与反依恋"的关系，小学低年级是"立规与违规"的关系，小学高年级是"唠叨与反唠叨"的关系，初中是"控制与反控制的关系"，高中是"压力和反压力"的关系。家长了解了规律，再面对这期间出现的问题时就不会那么焦虑了。另外，孩子的身心成长的过程是有模型的。健康的孩子应该是这样的,以积极的成长心态为基础,愿意主动阅读、主动学习,形成批判性思维,具备开放的视野。以具备一定的基础技能为常态,就是校内教育所给予的知识传授和校外教育所给予的特长培养部分。以形成良好的综合技能为过渡,就是要通过家庭、学校、社会三方合力,特别是在家庭教育持续关注下,形成设计、审美、创造、说服、管理、战略部署等大格局、高站位的发展能力。最终达到快乐而且身心健康的目标,也就是要具有自信心、同理心,有韧性、乐观积极,能够适应变化等。对照规律及标准或者查缺补漏,或者扬长避短,这是我在反复给大家建议的部分。

性别教育,在很多家庭都被认为是自然而然,不用刻意教育的部分。因此,多年来,我接触过太多性别认知错位带给孩子的成长困扰的案例,有的甚至影响了婚恋,是值得家长警醒与重视的。孩子有意识的性别行为从 2 岁开始,3 岁以后区别越来越明显。6 岁以后开始寻求同性共同活动。对孩子进行性别教育和生理卫生教育,以及婚恋教育是人生不同阶段同等重要的教育。曾经有家长咨询,女孩子到了上学的年龄却只跟男孩子玩,而且穿裙子却不知道在公众场合避讳动作,这就是因为家长没有利用好学前的第一性发育阶段完成对孩子的性别教育。性别教育重要时机是学前 2 到 7 岁,以及青春期前期、中期,需要注意得细腻且把握好分寸。这个专题里我们主要交流关于学前的性别教育部分。让孩子认识到男女有别,并且掌握如何做好私密保护是这阶段的主要任务。这一阶段的性别认知是奠定孩子一生性别认知与性别思维、性别习惯的重要阶段与重要基础。

"人无全才,但人人有才",在保证孩子自我个性特征突出的同时,还要尽量保障孩子的身心发育均衡。与其挑剔问题，不如寻找亮点，孩子的特征中一定有他（她）的优势所在，需要在家庭教育中被关注到、训练到。教育是一项系统工程，在了解掌握孩子发展规律的前提下，父母要善于发现孩子的长处、好处、亮点，及时向孩子表达并修订教育方案，这会有利于亲子关系建立并达到良好的教育效果。

第五步，成长为"硬核"家长，将焦虑释放到家庭教育以外。

在理智上，我们都承认过度关注是当下家庭教育焦虑的重要原因之一。可爱的家长们真的是拿生命在爱自己的孩子，细致到喝多少水、穿什么衣服、几点钟吃饭都有一整套章法，而且落实得一丝不苟。家长们的辛苦往往换来的是自己的焦虑和孩子的不满。还有的家长走着走着就偏执了，试图掌控孩子而不自知。我经常跟大学生们有交流，一次讲座之后，一个女孩告诉我，她的妈妈会查她的微信，明令她不能在大学期间谈恋爱，甚至对她大学期间的起居情况进行检查。妈妈的控制欲让女孩非常反感。女孩骄傲地告诉我，"我其实有男朋友了。"我一面提示女孩注意保护自己，一面问她，你希望能够瞒过妈妈是吗？她很肯定地点点头。这并不意外，越是被控制的孩子越是想要挣脱。家长在教育孩子的过程中一定要注意适当放手，让他（她）知道应该对自己的成长负责任。

在我初登讲台的时候，一位老教师教育她自己孩子的方法深刻地教育了我。她说，孩子能做的事情一定要交给孩子自己做。孩子早上起床，从一年级开始就不用别人叫，更不用管穿衣穿鞋。我问她，孩子迟到怎么办？她说，那就陪她迟到，让老师批评，之后她自己就知道迟到要付出代价，按时起床是她自己的事情。还有作业完成问题，现在看到很多家长微信群，老师把作业放到群里，家长认真完成，学生十分被动。这位老教师告诉我，她从来不问孩子作业完成了没有，都做对了没有。和上学时间一样的道理，记住作业并按时保质完成作业是孩子自己的基本职责，必须自己学会并自己负责。受她启发，我的孩子在国内上学的十年间，我只在小学一年级上学期关注过作业是不是记全记对了，文具整理是否到位的问题，在二年级之前关心作业完成的时间管理情况和老师批复的准确率问题。此外，我再没操心问过作业和考试的事情。当然，从小养成了良好行为习惯的孩子学习自然也不会太差。而我也得以有大量的时间用来学习、工作、社交，去实现自我成长。

2019 中央电视台主持人大赛上，段子手朱广权作为出题嘉宾，开场说过一段顺口溜：

生儿生女满心欢喜

育儿育女全是惊喜

又惊又喜强身健体

一经开始深不见底

言传身教提升自己

笑过之后，我们是不是应该佩服，老朱说得精练、正确！是的，纵使家庭教育有千万不易、万千方法，其中有一条家家皆准，那就是父母先要做好自己，而且要持续不断地提升自己，让自己不断成为更好的自己。因为身教重于言教。

也许有人会说，很多学历不高、普通平凡的家长培养出了优秀的人物，该怎么解释呢？那就得看看这些家长的生活智慧和爱的能力了。我国著名国学大师曾仕强老先生夸奖自己文化不高的母亲说，上学的时候妈妈从不会催促自己写作业，而只是催促自己早睡觉。妈妈让爱成为孩子自我约束的内驱力，这是何等的智慧。毛泽东的母亲在他与父亲因为读书产生分歧的时候，一边默默支持孩子，一面教导他理解父亲，不要记恨。妈妈用自己的行动告诉孩子，家能给孩子最大的支撑与包容，这是何等智慧。我们的家长可千万不要有了知识却缺少了智慧呦！每每在上学时间经过幼儿园、小学的校门口，耳中总能听到此起彼伏的家长临别时的叮咛：听老师话，好好听讲。

每每在放学时经过学校，也总能听见家长在问孩子同样的话："好好听课了吗？作业写完了吗？"给大家分享一下我与孩子之间亲子关系良好的秘诀：接送孩子上下学多年，我从来只告诉孩子开心点，从来只询问今天开心吗？父母用正确的爱的打开方式与孩子进行互动，才是孩子愿意自我成长的原动力之一。记得我儿子初中一年级的下学期，班上一个女生因为被同学孤立、嘲笑，老师批评了班上的同学。我刚好去接孩子，也被老师说了几句要回家教育孩子之类的话。在回去的车里，儿子坐在一旁默默落泪。我以为是委屈了，就跟他说我相信他不会有霸凌行为，只是很多时候好人都会选择旁观，无意参与了冷暴力，他可以适当帮助这个女孩子，我也可以帮忙提供心理咨询。结果儿子的回答让我暖心，他说我不是为自己委屈，而是觉得原来会因为自己而让妈妈被老师说，他心疼妈妈了。这样的孩子，怎么可能不自觉成长为好孩子呢！因此，聪明的父母就是要"深沉爱""智慧爱"。

父母可以是平凡的普通人，但却不能忽视自身榜样作用的发挥，我们在陪伴孩子的道路上，要做有底气、有素养的"硬核"父母。这些年，有很多家长咨询：孩子沉迷于玩手机、玩游戏，写作业磨磨蹭蹭怎么办？我也想问问看，我们有多少家长在家的时候是高度重视与家人的交流和互动，不玩手机的？有多少家长是在工作之后还保持着自我学习的习惯，不断取得成绩的？有多少家长是不把自己没有实现的人生遗憾放到孩子的身上，让孩子真正在自我成长的？我接待过一个孩子的咨询，爸爸常年在外地工作，妈妈几乎承担了家里的所有事情，很辛苦。孩子对自己要求比较高，希望将来能考个好学校。了解了一下孩子的成绩还不错，在市重点中学，水平在中等以上，有些学科还能名列前茅。询问孩子咨询的原因，原来是亲子冲突问题，每次自己做功课，妈妈总要在一旁监督，妈妈的做法通常是玩手机，或者对看不惯的习惯唠叨一下，而孩子通常会顶撞一二句，结果往往演变成争吵。几乎是每天一小吵，每周一大吵。我问孩子看不惯妈妈什么地方？孩子说看不惯妈妈宁可玩手机也不知自己上进学点儿什么，自己不行却又对别人要求过高。大家看，我们对孩子要求多少，孩子往往也会反过来要求家长多少。

　　焦虑的家长会更多地将自己的价值观强加到孩子身上，有的还会通过引发儿童的内疚感和焦虑感来对孩子进行日常行为的管理。比如，有的家长比较擅长使用"爱的撤回"的方式，跟孩子说你再不好好学习妈妈伤心了，不爱你了！家长们也许以为问题解决了，或者一时解决了，却不知这样的教养方式导致的孩子内心焦虑最终会引发孩子各种心理问题，并导致孩子社会功能失调。父母今天能放下不当焦虑，让孩子不为爸妈是不是爱我而焦虑，未来自己就不会为了孩子还爱不爱我而焦虑！

　　另外，爸爸妈妈们与其把焦虑放到孩子身上，还不如放到自己的成长上，做一个让孩子从心里喜欢和敬佩的家长。自己的形象保持、自己的学习提升、自己的修养风度、自己的事业成就、自己的战胜挫折，没有一样不是需要高度的自律和全身心投入的，也没有一样不是在如灯塔般指引孩子成长的。家长的言传身教、以身作则是要好过说教的无声而最有力的教育。现在很多教育夸大了家长的陪伴，说家长忙着做生意、忙着做事业，其实这不是重点，重点是聪明的父母再忙也不会让孩子感觉到被忽略，聪明的父母可以边陪伴孩子边使自己成长。我访问过许多进入青年期的小朋友们，他们不但没有抱怨父母的忙碌，反而对父母有很多的肯定和欣赏。我们需要做的就是努力保有孩子对自己的欣赏和爱，无论孩子处在哪个时期。

经历了漫长生命历程的我们已经懂得，作为生命个体，在面对一些特定情况时，焦虑是自然，也是必然反应，但也会因为习以为常而忽略了焦虑传递对孩子成长、对亲子关系的影响。如果父母是容易焦虑的，那么长期处于焦虑环境下的孩子会对自己本来可以不焦虑的事情产生焦虑。再来讲一个例子吧。一个二年级的漂亮女孩，爸爸妈妈都是名牌大学毕业，有一个让人羡慕的家庭。可是孩子一到考试就生病，肚子疼、发烧、厌食，小考小病、大考大病。家长几次求医无果向我求助，通过跟孩子聊天发现家长对孩子有明确要求，考试必须满分且必须拿班里第一名。家长希望孩子"青出于蓝而胜于蓝"。其实，这个女孩非常聪明，即使父母不要求，孩子通常也是可以做到的。但这么明确的要求对于只有不到十岁的孩子来说却成了一种负担，孩子焦虑了。这些症状从最初孩子想逃避考试，慢慢变成一种生理反射。我跟孩子父母说，问题出在你们身上，你们焦虑，但你们不应该把自己的焦虑说出来，更不应该传递给孩子。如果孩子考好了，那就属于正常反应，因为她的能力达得到。如具孩子没考好，那就查错题、找原因、做训练，不要批评。父母接受了我的建议，试了一个学期，孩子好了。后来孩子本科考上了复旦大学。其实，家庭教育这件事本身没有那么复杂，往往越从容收效越好。

真正的"硬核"父母，能够接受自己的上岗经验与孩子年龄相同这个事实。因为我们都是在自己的孩子出生后才从某先生、某女士变为爸爸妈妈的。既然是第一次"任职"的新手上路，我们就必须承认自己在新的工作岗位上也需要不断学习，不断完成自我成长。只有这样，我们才能在与孩子相处中更多地去运用合理的方法；也只有真的能这样看待孩子年龄与自己的任职年限，才有可能摒弃家长作风，正确巧妙地表达对孩子的爱。真正"硬核"的父母还有一方面特点，就是被孩子深深地爱着。真正被孩子爱着的父母，有着良好互动亲子关系的父母，无往而不胜。送大家一首歌德的《致我的母亲》，从文字中去体会良好亲子关系传递出的那种力量。

歌德《致我的母亲》

尽管长时间没有向你问安，

没给你写信，

可是，别让你心里产生怀疑，

好像你儿子应有的对你的深爱已经从我的胸中消失。

决非如此，

就像那岩石，

在水底深深扎下永远的万年根，

它决不离开原处，

哪怕是流水，

时而用风浪，

时而用柔波从它上面流过，

使人们看不到它，

我对你的爱，也是如此离不开

我的胸中，尽管人生的长河，

时而受痛苦鞭笞，汹涌地卷过，

时而受欢乐的静静的抚爱，

遭到覆盖和阻拦，

使它不能向太阳露面，

不能映着四周围返照的阳光，

在你这慈母的眼前

向你显示你儿子是怎样崇敬你。

第六步，做好目标教育是解除不当焦虑的有效法宝。

人从混沌中来，回归混沌中去，其间能够给予方向指引的大约就是目标了。放到教育之中来说，就是目标教育。当下的教育观念认为，规则和价值观通过外在的说教、奖励，以及惩罚灌输给孩子的方式已经被证明是不可取的。规则和价值观必须从儿童的思想与精神世界内部建构或产生，这才能形成孩子自己的逻辑或者系统。这种教育理念正在得到越来越多的人的认可，这就是我们进行目标教育的社会基础所在。在很多与教育相关的话题分享中，我都提到了目标教育。尽管已经有越来越多的教育理论在研究目标教育,有很多培训机构也看好目标教育的商业前景,但我依然觉得目标教育在中国现阶段不是太多而是不够。目标教育对于整体教育焦虑具有很强的针对性治愈作用,当然包括家庭教育焦虑在内。因此,我把它作为消除不当焦虑的方法推荐给大家。

大到学业目标、事业目标,乃至人生目标,小到一个习惯的养成、一本书的阅读和一个家务技能的掌握,都可以用目标教育做引领。也许有人会认为这也是一种"焦虑贩卖",当然如果你的人生哲学是随性而为,不存在焦虑问题,那么另当别论。只要在你的家庭教育中有焦虑存在,那么目标教育就应该是适用的。目标教育在设定目标前必须由提出者和执行者完成沟通并达成一致,小的目标要双方清楚明确地认可,大的目标要长期持续地潜移默化和沟通调整。比如前面提到的玩手机和写作业磨蹭的问题, 就必须提出一个家长和孩子都认可的方案,然后在家长以身作则和强化训练的同时,温柔地坚持,毫不妥协。

在进行目标教育指导的过程中,我发现很多爸爸妈妈一方面对孩子进行散养,一方面又强化技能。这大概率是学了西方教育的皮毛而没有学到内核。欧美国家教育中的优劣我们不在这里进行详细阐述,跟大家分享一点值得我们学习的地方。从小学教育开始,所有学校都设立专门的教师岗位对孩子进行职业规划指导,为孩子的发展答疑解惑,并给出引导与建议。而且职业规划指导教师人数比例很高,学校除了帮助孩子选课、推荐社团活动外,还会组织孩子们从小就去参观大学、实验室、银行、企业等地,通过不断地接触去发现和培养孩子的兴趣。因此,大多数孩子从小学阶段就基本知道自己未来要做些什么。爸爸妈妈也很尊重孩子，从孩子很小就开始发现特点并尊重特点，帮助他们成为他们想成为的人。因为目标教育启动比较早而且持续成为系统工作，他们的孩子普遍知道自己想要什么、想做什么的年龄比我们的孩子要小得多。

讲讲我儿子的故事吧。他高中留学，文理均衡，爱好广泛，到申请大学时发现自己喜欢的不少但又不确定选择什么专业。相信这和国内很多孩子高考之后看实际分数、看家长意愿、看未来就业前景进行专业选择的情况差别不大。于是，他以"专业不确定"进行了大学申请，之后用了一年时间尝试、考虑，最终决定学习传媒专业。他所在大学的传媒学院在世界专业排名位居前一百，转学院要求很高。他在确定了方向后，进行努力，最终以满分成绩顺利完成转学院。转入传媒学院后，他把目标锁定在广告专业，而且是广告专业的创意设计方向。面对接近50%的创意设计淘汰率，他以几乎所有作品一次过审的高通过率成为教授非常欣赏的亚裔学生，并顺利完成了自己的作品集及网站设计，同时还辅修了第二学位。跟他聊起动力的时候，他说有目标就有动力，也有克服困难的勇气。这就是目标的作用，这就是目标教育的价值。到此时，我不只相信他一定能够很顺利地完成自己的学业，也相信他在未来的职业道路上会坚持自己的梦想。因为他目标清晰，心智就会坚定，随着心智的坚定，意志力等一系列我们要求孩子所拥有的品质也会逐步强化、慢慢上升。

再举一个与校园暴力有关的事例吧。校园暴力对当事人身心伤害极大，但校园暴力也有程度区别。我儿子在美国读书，所以经历过程度最严重的校园暴力自然是枪击事件。当我得知孩子经历过校园枪击事件,而且是两次的时候,第一反应是目瞪口呆和手足无措。因为我们从小到大就没有见过枪,更不要说枪击带来的伤害。我很清楚地知道,如果是我经历了这个事件,在那一刹那我最大的反应可能是会僵在原地不知所措,如果我可以幸运地不被波及,我也不知道我要用多久才能摆脱事件对情绪的影响。我也没有办法去有效揣摩熟人被枪击死亡后,对个体的内心到底会有多大影响。从专业角度分析,有影响是肯定的。虽然我懂心理学,但是我也很难保证自己会处理好当时的情绪,或做出正确的行为。在得知孩子经历枪击事件后,我的第一想法就是怎么办? 我能去帮助孩子做什么? 我们相距万里,如果他出现了应激障碍,我该如何帮助孩子及时摆脱? 但令我惊讶的是,尽管每次都在事情发生不久就听到他的消息,但他在复述的时候情绪是平静的,听起来他在现场的表现也很合理。他在枪击发生的第一时间是快速躲避,知道如何利用身边地形保护自己,知道如何尽自己最大的努力拉开射击距离,尽量不要回到伤害现场面对被伤害人,等到警察初步处理完成后才开始采取下一步措施。比如,参加学生会议商议后续处理,协助接待被伤害人家属等。事后虽然有一定的恐惧和焦虑,但是并没有过多影响到食欲与睡眠。其基本特征都表明,他心态调整比较快,也没留下需要解决的问题。这一刻我再次坚信,所谓看不到的虚拟能力,有时无关教化而与个体的自我成长能力直接关联。这其中也有目标教育持续作用转化出的成果。

　　目标教育与兴趣爱好培养、意志品质建立、成就经验累积紧密关联。兴趣爱好的培养是从发散到聚焦的过程。我非常欣赏当下的跨界人才的养成方式,但对于目标教育来说,老师和家长的精力都有一定的局限性，所以还是要从广泛的兴趣爱好中聚焦一两项优势进行重点培养。而且兴趣爱好培养的侧重点不仅仅在于能力的提升，应该更侧重于情感的投入。孩子情感投入越浓厚，目标教育达成的可能性就越高。意志品质的强弱与情感投入成正比，情感投入越多，孩子在面对挫折时所呈现的抗压性就越好。即使出现挫折问题，经过家长有意识的引导与鼓励，也会更容易得到修复。无论是在整体家庭教育中，还是在专项目标教育中，最好的意志品质培养方式无疑是经历挫折。成就经验的累积不止包括成功经验，更包括应对挫折之后的再成功经验。作为家长，如果确定要进行明确的目标教育，那么也要给自己设定目标。只有这样才有可能做到在过程中冷静清醒地应对遇到的突发问题，并确保无论遇到何种突发问题，都不会影响最终目标导向。而且当家长将目标作为家庭教育长期目标实施的时候，亲子关系也会随之进行调整。长远布局的家庭教育下的亲子关系相比短期行为、突发行为会更加稳定与良好。

第七步，利用减压训练与方法进行心态调节，进而达到调节家庭关系与氛围的目的。

情绪调控方法有很多，大家可以根据自己的需求试试看，相信总会有一款适合你。比如，自我控制、自我暗示、糊涂应对、疏解释放、注意转移、寻求支撑，等等。

情绪自我控制几乎是我们每个人终生都要修炼的功课，作家巴波在与人吵架时会把舌尖放在嘴里转上十圈，尽量使心情平静下来再开口讲话，我们也可以试试自己可操作的延迟说话的方法，减少伤害。自我暗示是我们大家或多或少都在使用的方法，暗示自己事情没有自己预想的那么糟糕,前面还会有转机。至于糊涂应对,这是一种大事不放过但小事不较真的心态。现在网络中有个流行语叫"弄弄子",大抵就是得过且过的模式典范。面对孩子教育形成的自我焦虑,我们也得学习和借鉴一下,孩子做人做事大是大非抓住不放,其他衣食住行、兴趣爱好大可适当放手。关于疏解释放的部分,家长大体可以根据自己的爱好和习惯去安排,或户外运动、或音乐冥想、或形体训练、或绘画品茶、或购物逛街、或友朋聚谈,给自己一个宣泄出口、一个治愈机会。在一次综合绘画课上, 当我把胶带从涂满颜色的画面上撕下的时候,我瞬间觉得太治愈了。

现在社会上有很多减压疗愈机构,无论是借助艺术方式、运动方式还是仪器治疗,只要对自己有效就好。注意转移是我们在自我情绪调节时通常会使用到的基础方式,将注意焦点从孩子身上适当转移到自己身上、爱人身上,或者其他感兴趣的事情上。最后可以考虑的是寻求支撑,无论是家庭支持还是社会支持,都有助于家长缓解压力,减除焦虑。目前我在做,也推荐大家可以尝试的是进入认为适合自己的学习团体,同时寻求团体支撑。当孩子遇到问题,家长或困惑或焦虑,但却只能从改变自己入手。先调整自己,才有可能帮助到孩子,对吧?那么家长的困惑或者焦虑如何宣泄,如何解决呢?学习可能解决困惑的问题,却不容易让焦虑的情绪迅速得到调整,适当寻求家庭或者家庭以外的社会支持,是可以彼此借鉴、抱团取暖的。

一次在进行小组式学习的时候,我让现场的爸爸妈妈们为五种爱的语言进行排序,这五种语言分别是:精心的礼物、珍惜的相处、身体的接触、完美的行动、赞美的语言。大家按照各自对孩子所做的最多的，以及认为孩子最需要的进行排序，并把原因分享给大家。一位妈妈引起了大家的注意，她从开始的安静排序，到接下来的小声抽泣，再到后面的失声痛哭。我一边抚摸她的后背，一边递给她纸巾，等她稍稍平复后询问她是否愿意跟大家说说她的想法。她说，疫情以来，先生和孩子在国外滞留一年，这一年让她在担心之余体会更多的是如果再相聚，会格外珍惜在一起的相处时光。她说到思念家人的彻夜难眠，说到每次听到声音的激动不已，说到拥孩子入怀的深切渴望。很多人眼圈红了，给予她拥抱和安慰的话语。在她的情绪得到抚慰的同时，其他爸爸妈妈也受到触动，相信那一天没有人回到家后再跟孩子着急。只有个体心态有所转变，才能使家庭氛围得到调节，从而让亲子关系和谐幸福。

第八步，关注孩子的友情，把伙伴教育引入家庭，为己所用。

因为职业的原因，也因为使命感的原因，我很爱跟不同年龄段的人聊天。在聊天的过程中，我发现孩子关注的焦点和家长要解决的问题往往看上去没有交集。家长关注的是孩子的人生大事，但困扰孩子们的却往往是成人眼中"微不足道"的事情。这是家庭教育的错位也是盲区。对于没有步入职场的孩子来说，困扰孩子们最多的是什么问题？林林总总，归纳起来无非两类：自身成长问题和友情问题。从幼儿园到大学，几乎没有例外。我非常喜欢一位摄影师，从他不到三岁的儿子的视角看世界的一组图片，镜头里的"小人物"看到成人世界中的所有都是庞然大物，都是事物局部。是的，对于成人来说轻轻松松就可以跨越的障碍，对于孩子来说有可能是巨大困难。这也是我说的，各位家长好好珍惜再次体验生命成长的机会吧。希望我们不会太健忘，没有忘记自己成长中曾经历的困难与伤痛，没有把它强加在自己孩子的身上。

重点说说友情问题吧。因为要研究影响力的作用与结果，所以在教育研究的领域始终非常关注被教育者身边人的因素。通过不断追踪研究发现，在对孩子最具影响力的人中，伙伴的影响力从三十年前排在第三、四位的状态经过历史的演变发展到超过老师和家长，跃居影响力的第一名，而且是年龄越大，影响越大。因此，从小开始关注孩子的社交模式，了解孩子的友情数量、质量、关系处理能力，帮助孩子处理友情问题，沉淀优质朋友；有意识地设计朋友圈，让伙伴教育成为家庭教育的一部分，为己所用，在促进孩子良性发展的同时，还能为孩子的发展设立"安全屏障"，这是有智慧的爸爸妈妈会长期做的事情。

之所以把友情的部分专门放进来，不只是要提示家长不要忽视友情对家庭教育的影响力，更是要提示大家善用对孩子友情的关注以及友情影响力的作用，改善亲子互动关系，构建良好的家庭氛围。让孩子知道家长对其友情的关注是首要条件，包括了解他（她）的朋友数量与基本信息，了解他（她）选择朋友的标准和排序，了解他（她）遇到的问题与困惑。接下来就是用较高的热情迎接孩子的友情对家庭生活的渗透。很多家长能够做到对孩子的朋友比较熟悉，也鼓励孩子们之间的交往与互动，但恐怕只有极少数的家长会有意识地去跟孩子的朋友成为朋辈之间的一种关系，并通过这种关系模式达到亲子关系与友情互相渗透、互相促进的效果。能做到这一点的家长，往往会带给孩子自豪感以及安全感，在巩固孩子友情的同时促进亲子关系。最重要的一条也应该是做得最隐晦的，那就是想方设法影响孩子选择朋友的标准。因为孩子与什么样的朋友交往，习得了什么，是家长最关心，也最不好直接把控的。而且正面的干预与挑剔往往会恶化亲子关系，引发亲子冲突。因此，将孩子的友情拥抱进亲子关系，对促进早期亲子关系良性互动具有积极作用。

　　家长如何才能做好这两件事呢？先来看看孩子择友影响的部分吧。其实这件事情家长们从孩子很小的时候就已经在做了，但只有很少一部分家长能把这件事做得方向明确、规划清晰。孩子的社交是从早教班或者幼儿园开始的，随着年龄的增长体验到的社交的维度会变化，遇到的社交问题会增加，进入青春期后才会逐渐稳定，形成带有鲜明个人风格的社交方式。因此，这一路上家长都是有机会对孩子的择友观、友谊相处模式进行影响的，越早施加影响，效果越明显，作用力越持久，反之，影响越小。其间，家长的标准一定要无私、有前瞻性和一致性。给孩子施加影响的方式也要循序渐进、形式多样。再来说说与孩子的朋友建立朋辈友谊的部分吧。家长对待孩子的所有朋友一定要友善。此外，因为孩子的朋友具有流动性，所以家长要有意识地找出其中最优秀的、与孩子关系最好的、与家长沟通最好的那三四个朋友进行重点交流。一方面是尽量巧妙帮孩子留下质量最高的朋友，即使什么都不说，孩子也能够了解家长赞赏的友情是什么模样的；另一方面帮孩子应对友情中的分离与冲突。再密切的关系，在成长中也难免出现裂痕和产生矛盾。家长和孩子的朋友能够以朋辈关系相处，有利于全面了解问题，有针对性地进行陪伴和引导，帮助孩子走出困境、解决问题。还有就是以朋辈关系与孩子的朋友相处，能够获得更多的理解与支持。家长在很多时候，可以通过这些孩子的朋友，用迂回的方式解决正面解决不了的问题。这一方面的优势尤为明显。

　　特别要提示家长的是，当孩子遇到频繁而巨大的环境改变，或处在快速自我成长发育阶段,其友情方面必然面临问题,家长一定要有预见性地帮助和引导孩子处理好,确保平稳过渡。比如,孩子频繁转学、出国留学、父母离异或有一方意外离开时,孩子通常会出现问题或产生变化。有的孩子会出现缺少朋友的问题,有的孩子需要不断面对刚刚建立的友情很快消失的苦恼,有的孩子体验不到深厚友情所带来的快乐,有的孩子与朋友会出现极大的分歧与冲突。因此,孩子要么容易性格孤僻内向,要么容易产生对父母的过度依恋,要么容易形成自我冲突性人格。无论哪一类问题,都需要父母提前预知、密切关注,并用更大的耐心和爱心去进行亲子互动,最终以帮助孩子建立良好友情关系为目的,而不是让孩子越来越依恋亲子互动。对于孩子因为经常频繁转学而出现友情缺失的现象,建议家长可以从亲朋好友的孩子中帮助他有意识地物色朋友和发展友情。对于出国留学的孩子,家长除了要关心其生活学业,也要特别关注他的友情发展。要有意识地跟孩子分享,什么样的人才是值得交往的真正的朋友,如何与熟人和过客保持适度距离,避免受到情感伤害。更要跟孩子分享一旦发生分歧与冲突,如何避免产生不良后果和进行自我保护。家长的建议通常不能适合所有情况,但至少能够让孩子体会到家长对其友情发展的关心,遇到问题就有可能在第一时间与家长进行交流沟通,避免问题恶化。因家庭突发状况导致孩子重大改变的,要提前关注和安抚孩子的情绪以减小伤害,再与孩子朋友进行沟通,通过孩子朋友的帮助进行缓解,最终达到使孩子的情绪平稳过渡的目的。

第九步,对照健康家庭的标准,为孩子的一生搭建温暖港湾。

前面我们已经讲到家是孩子出发与落脚的地方,更是孩子学习与继承的地方。那么健康家庭应该有什么样的标准，又能带给孩子哪些后期利益呢？

（1）夫妻关系稳定而和谐，是一个家庭的核心。

（2）夫妻之间有合理的冲突，有公平的争吵，但不会长期冷战，更不会有家庭暴力。

（3）父母和子女之间地位平等，关系融洽。父母对子女既有足够的爱，也有合理的管教。

（4）父母不仅是子女的父母，也是子女的良师，更是子女的朋友。

（5）不仅为孩子提供衣食住行，也让孩子健康成长。

（6）不仅让孩子有依赖感，也能培养孩子的自主性。

（7）是孩子打造自我，建立自尊的地方。

（8）是完善孩子成熟人格的最好土壤。

（9）是孩子温暖的避风港，而非窒息的铁屋子。

（10）让孩子对未来组建自己的婚姻和家庭满怀信心。

从以上特征指标我们不难看出，这其中的核心利益与学习关联最小，与生活幸福关联最大。原生家庭成员间的情感交流、互动模式直接影响孩子未来的家庭情感交流与互动模式。亲子关系自然也包含其中。因此，家长们切勿本末倒置，忘记了生活本该有的样子，而去空谈自己的理想。如果家长们能够调整自己注意力和生活重心，焦虑自然就会随之消失，亲子关系也更容易和谐、快乐。

要提示家长的是，原生家庭的幸福、和谐一定是一种自然、均衡的状态，不能是一方过于强势和一方过于妥协的非自然、非均衡状态。因为在这种非常态下的表面和谐之下容易出现被隐藏和修饰的部分。这部分体现在家庭教育中,就是一种"假我现象"。和谐的家庭的孩子,一方面可以从父母的爱中体会到满足感和安全感,另一方面也可以在父母的言传身教中培养自主和独立的品格,而且展现真实的自我,无须戴着面具生活。这里需要特别说明的是,我们所说的面具不仅仅是孩子才有。因为这样的面具是双向的,如果不希望孩子戴着面具,首先我们家长就不能有面具。有一句话叫作"始于心而起于行",意思很好理解,健康的家庭模式是家庭中成员真实的表现,是由内而外的,不是因为各种原因而维系的假象。就好像每年高考后都会出现的离婚浪潮一样,一个孩子高考结束了,我们觉得应该是孩子人生的一个新阶段的开始,但是各位家长却认为是一切已经宣告结束,终于把孩子送到大学,一切都可以结束了。所以他们放心地把矛盾公开化,顺利结束不知道忍受了多少年的婚姻生活。这真的是忍辱负重多年后对孩子负责的表现吗? 恰恰相反,各位家长不是克格勃,没有受过专业的特种训练,在同一屋檐下,孩子会感受不到真实的家庭氛围? 孩子感受不到父母之间的关系变化? 孩子每天看到父母强颜欢笑会预感不到将发生什么? 也许离婚是对孩子有伤害,但是父母戴着面具生活对孩子的影响更加严重。一个家庭中三个人都戴着面具,用虚假维系着关系,对孩子心灵的折磨是一直持续的,孩子还有多少能量能放在学习上? 他们还有多少动力去憧憬一直期待的美好生活,真正去拥抱可能属于他们的生活呢?

如果孩子是在需要讨好父母的环境中长大的,就会缺乏安全感,展现一个戴着面具的假我。这就是有些孩子小时候听话乖巧,长大了却出现很多令人咋舌的品行问题的原因。讲一个隋炀帝杨广的例子吧。史书中的隋炀帝昏庸、暴虐、贪婪、好色，是个亡国之君。回顾他的成长史，发现他小的时候漂亮、乖顺，青年时期战功卓著。因为他是次子，而且他的父母强势，喜专情、喜节俭，他的大哥杨勇好色奢靡，他就有了上位的机会。于是杨广藏起美婢，专宠夫人，家中简朴、布衣粗食，赢得父母信任，得到江山。之后逐渐释放自我，甚至带有报复性反弹行为，比他哥哥的好色奢靡有过之而无不及，直至亡了国。杨广的父母感情深厚，可谓有和谐的爱情。这份爱情看似也产生了和谐的家庭，尤其二儿子更是恭敬、孝顺。但却因为父母的强权与强势，家庭教育走向了"虚假"和"欺骗"。再有一种现象是"适应性差"，有的家庭父母恩爱，母慈子孝，但孩子的婚姻还是出现了问题，究其原因是原生家庭父母与子女关系过于密切。因此，家长做好榜样的同时还要注意跟孩子保持一定的距离，要教会孩子用不同维度看世界，用较强的适应性去面对不同的人和事。

家庭一定是孩子可以解放天性、释放真我、寻求庇护的地方，只有这样才可能形成健康、和谐的亲子关系，从而为孩子一生的幸福保驾护航。

二、让焦虑为己所用

诗人里尔克说："你必须活在每件事情里面，你现在面对的所有难题，未来终将会有答案。"

因为在心理学中通常都不喜欢"控制""驾驭"这样的字眼，提倡的是人要与自己的情绪和谐相处，所以我们来聊聊如何让焦虑转化为动能,通过合理化设计达到为己所用的目的。

人是需要适度焦虑推动人生前行的。过度焦虑和低度焦虑都是需要进行程度调整的。焦虑作为一种神经活动和情绪状态,本身就具有很强的调节性、适应性。它可以在人需要的时候适时适度地出现。好的焦虑是在人有需要的时候产生适度的焦虑状态,而在需要过后焦虑又会自动消失。有张有弛,人生才有节奏变化,才更能多出几分色彩和乐趣。让焦虑保持在适当的范围并能够加以转化利用,对家庭教育乃至其他领域都是一件好事情。要达到这一点,就需要我们静下心来研究、分析、反思并加以反复训练,更需要我们确定认识、找准领域、掌握方法。因为这些都是需要"有意而为"的。在正确打开焦虑之前,让我们对焦虑的作用过程进行一次了解。这对我们之后确定如何正确面对焦虑会有很大帮助。

存在主义之父索伦·克尔凯戈尔说:"谁学会使自己正确恰当地焦虑,谁就学会了至高无上的本领。"焦虑本身只是一种神经运动和情绪反应,只有当作用范围和作用力度不当时才会出现问题。而就每一种神经运动和情绪反应本身而言都是具有积极作用的,只要我们协调、使用得当即可。

要知道焦虑是分阶段逐步发挥作用的。第一阶段,仅仅存在。第二阶段,渗透影响。第三阶段,对比期望,或者终止焦虑或者被焦虑裹挟。焦虑从来都不需要准备,而是随时随地以无形的状态自然存在的。所以它招之即来、来之即战。而且它的到来和作用的过程从来都是无声无息、无形无状的。如果人能察觉到它的存在和作用,往往它的程度就已经很严重了。"蓦然回首,焦虑就在左右不远处"。这也是为什么我们很多家长讲不出具体为哪一件事而焦虑，但整个人已经沉浸在焦虑状态中很久了。虽然焦虑可以招之即来，但它绝不能挥之即去。一个人是终止焦虑还是被焦虑所裹挟，取决于结果与期望的对比。对比满意的，就可以升华为兴奋，焦虑自然悄无声息地隐退。反之，就可能沮丧。此时要想驱逐焦虑，就需要一个相对漫长的过程。

　　了解了焦虑发挥作用的过程，接下来就要提前做好心理建设了。即使不知焦虑何时而来，以何种程度存在，那我们也需要在判断焦虑即将或已经来临之际，同时完成三步心理建设。第一步是通过自我分析和他人指点，找到自己焦虑的原因和表现，并且承认它。做这件事既是探究因果，更是直面问题。因此，无论评价是否客观、观察是否准确，从心理承认并接纳自己最焦虑的状态可能就是最好的效果。第二步是不光懂道理，还能面对现实，接受自己和孩子的不完美，并且欣赏它。在这一点上家长们往往存在知行不统一的问题——表达起来不难理性，行动起来很难客观。潜意识直接支配了行为，无法发自内心地欣赏和愉悦，自然也就无法摆脱过度焦虑的"包围"。第三步是告诉自己努力过了就好，人生也许很重要，其实也没什么大不了，我们能承担结果，也能为后果负责。焦虑严重的人，如果不是茫然不知所往，就是预期失败。要与焦虑和谐共处，就要取消自己对孩子的绝对化要求，教育与生活一样没有必须怎样的要求、没有标准答案。要做好这种心理建设，需要我们杜绝过分概括化，思考问题不以偏概全，不因局部否定或肯定整体，对人对事评价客观。要做好这种心理建设就要减少负能量，放掉糟糕至极的念头，不夸大后果或感受。

　　接着就应该是进行焦虑调节了。拿当下家长普遍关注的学习来举例吧。有学者提出,从学习这一活动本身的内源性而言,学习焦虑是必要的,没有焦虑的学习,其目标不够明确、成效也不会明显。没错!焦虑也并非一无是处。焦虑的问题不在于其存在,而在于其是否适度。实验证明:低焦虑者和高焦虑者的认知偏向差异是很大的,高焦虑者的负性认知偏向会更多些。说通俗一点儿,就是太过于焦虑的人会产生比较多的"负能量"。而焦虑太低的人存在什么问题呢?问题应该在于这样的人不会产生能量,不管是正能量还是负能量。因此,只有当焦虑适度时,学习才能呈现最佳状态。所谓焦虑调节,就是焦虑水平高低的调节。因此,孩子学习的时候,尤其是考前复习阶段,营造一点儿迎考的氛围、设定一个自我超越的可能实现的目标、约定一个奖励条件等,都是可进行焦虑调节的方法。因为调节焦虑往往也会引起新的焦虑,这几年我明显感觉到孩子们对奖励的无所谓态度,正在成为家长们更深的焦虑。这是物质非常容易得到满足,同时内心没有新的目标生成而带来的新的发展问题。让这类型孩子产生适度焦虑的方法,要么是控制物质供给,要么是提升认知和眼界。

再理性的人也有情绪表达的需求,焦虑常常以无形的方式存在其中,悄然而至。那么我们该把焦虑用在哪些方面?怎么使用呢?

1.可以把焦虑用在催生孩子更大的自我成长的动力方面

大家想想,其实焦虑也好,目标教育也罢,都是为了调动孩子自我成长、自我学习的内在动因和持续动力的。"为有源头活水来",能够保持明确且具有前瞻性的动因,以及与动因相匹配的源源不断的动力,从而培养抗挫折、抗压能力,这才是我们乐于看到的适度焦虑能发挥的价值。我认识一个二十多岁的小朋友,从小就喜欢玩具,于是家长陪他选玩具、玩玩具，稍大一点儿收藏玩具、画玩具，再大一点儿设计玩具，爸爸妈妈把他画的设计图找工厂代加工，再后来开始投稿到玩具公司和参加设计比赛，他现在在欧洲做玩具设计师。像他这样一直为一件事而执着的孩子很少，其中也要感谢家长对他的支持，很好地激发了孩子的成长动力。这其中一定不只是兴趣爱好，在达成具有一定高度的目标时，一定是启用了焦虑的。只是因为使用得当，焦虑适度，所以没有被束缚和打倒，顺利达成了愿望。大多数的孩子可能是这个样子的，小学时想当科学家、中学时想当作家、大学时想当音乐家。家长们，以后我们跟不同年龄阶段的孩子要用不同的词语，跟小学及以下阶段的孩子聊喜欢什么，跟中学及以上的孩子视情况聊愿望或者理想。因为跟太小的孩子聊理想可能因为过于抽象而成就不了内驱力。只有跟懂理想有理想的孩子聊理想才有可能强化其内驱力。纵使孩子有阶段性变化也不要紧，把每个阶段的爱好都成就为孩子人生路上的动力就好。指引孩子，如果想成为作家，得坚持观察、敢于想象、每天要坚持多少文字的表达。如果想做法官，记得一定带孩子去图书馆，了解法学是怎样一个体系，去法院、检察院、律所看看他们的工作和生活，甚至弄个家庭模拟法庭，一个案例一个案例地审。当孩子把对遥远目标的期盼焦虑转化为动力之后，你会惊讶于孩子的快速自我成长。

在利用适度焦虑催生动力的过程中，一定会有阻碍。这时候就需要找出动力产生背后的障碍，将其设定为挑战目标。这个挑战也许是针对孩子的，也许是针对家长的。然后将挑战目标分解，确定好先解决什么后解决什么、近期解决什么远期解决什么、每个家庭成员各自负责解决什么。然后就要制定切实可行的行动计划了。在这一过程中，问题分析与方案制定能够得到参与成员的认可是达成目标的基础与关键所在。尤其是关乎孩子的部分，很容易因为不理解而不同意，因为嫌麻烦而放弃。因此，这部分工作要耐心、细致，反复做好，做好后的过程中也做好反复工作的准备。

就拿家长普遍关心的孩子看动画片、玩手机来说吧。很多家长是给孩子立了规矩的，每天看动画片或者玩手机不能超过多长时间，但问题是孩子往往会以各种方式或理由突破约定，超过规定时间，怎么办呢？孩子要形成的是自我约束力，但小小年纪才不会喜欢自我约束，更不会产生自我约束的动力。我们先找出背后的障碍：可能是家长为了自我解放，给孩子看动画玩手机，孩子习惯了就以为是对的；可能是家长自己也长时间玩手机，孩子拿你做榜样了；可能是孩子没有发现动画片、手机之外更有意思的事物，对世界了解不够；可能是家长夸大了孩子对动画片和手机的依赖，毕竟他们是智能化与读图时代的孩子；可能是家长标准不统一，阴晴不定，有时不好讲条件，有时又很好讲话，孩子总想试试看；当然还有一种可能，就是孩子在小的时候，分辨是非的能力较差，所以容易迷恋手机、电子游戏机等电子产品……找到障碍，我们开始进行修正，将要修正的目标进行分解。如果是习惯问题，大人孩子都要改；如果是标准问题，家长要坚定标准；如果是夸张了依赖，可以共同选择一些能够开阔孩子眼界的片子来看；如果是没有其他有趣的事情，那是家长的责任，要懂得把孩子的注意力转移出来，最后制定行动计划。有人说形成一个习惯需要二十一天，对于孩子来说要更漫长一些。但可以以二十一天为一个小目标达成周期，设定一年以上的习惯培养时间是相对合理的。在这个过程中，家长要有意识地表扬孩子在自我约束方面的进步、强调因为自我约束取得的成绩，让孩子意识到可以继续保持的方向，动力也就慢慢形成了。

2.我们可以把焦虑用在提升品质和效率方面

当人处于焦虑状态时，交感神经活动兴奋，思考速度和行动力都会加快。长期在快速行动力中去反思和训练，找到经验和规律，品质提升自然而然、水到渠成。这不仅对孩子的早期教育有益，对人的一生都有裨益。也许有人会问，自己面对一堆任务，往往是心里着急但却行动不起来，甚至干脆放弃，逃避到什么时候算什么时候，怎么可能提高效率和品质呢？大家要区分这其中的焦虑是否过度，是否还有其他心理问题和道德问题。也请大家牢记：我们都是普通人，要懂得给自己留空间和余地，不能总是把自己逼到没有退路。逆袭靠能力更靠运气，堪比彩票中奖，不要轻易尝试。我们这里说的还是要把焦虑调整到适度的区间，尽量能够招之即来也挥之即去。

要不断提升品质及合理提升效率，这是需要不断得到鼓励和肯定的。换言之就是需要不断产生成就感受，也就是"高峰体验"。所谓"高峰体验"，就是人在进入自我实现和超越自我的状态时感受或体验到的最完美的心理境界。它可以来自男女坠入情网之时的兴奋；可以来自母亲看到初生婴儿时的慈爱；也可以来自突然听到一首乐曲时产生的欢快心情；可以来自在科学实验或者艺术创作中猛然迸发的灵感，比如在大海边、高山上、森林中与大自然融为一体的愉悦，这些都是高峰体验。马斯洛说："这种体验可能是瞬间产生的、压倒一切的敬畏情绪，也可能是转瞬即逝的极度幸福感，甚至是欣喜若狂、如痴如醉、欢乐至极的感受。"人无论在学习中还是在生活中都需要这种体验，才能够不断巩固其品质并不断强化效率，将追求品质标准作为一件愉悦的事情。如果要达到这一效果，焦虑在其中一定发挥着积极的发酵作用，让已经做得不错的事情可以越来越好。

说说让百分之八十以上的家长都在头疼的拖延症问题吧。拖延症的出现是孩子消极抵抗的表现，年龄越大，原因构成越复杂。所谓的拖延症是孩子抵抗的产物，而不是一种疾病或问题。意思就是说，拖延症一定是经过一段时间之后所呈现出来的一个结果。既然是结果，那么想改变这个结果，需要什么呢？通常解决问题的方法无非两种：一种是从过往中找原因，一种是从既定结果中寻找新的结果。我们没有那么发达的大脑，我们不是科学家，很难从结果里面找到结果。因此，我们还是回头看看原因吧，看看到底孩子抵触的是什么，是什么让孩子出现了厌恶情绪，这样的厌恶情绪有没有被我们所接纳。当您想明白这些的时候，也许不需要我说，您就可以明白了，我们只需要把原因中的重要组成部分加以修改，孩子所谓的拖延问题就可以出现不同的结果了。可能是家长给布置的课外作业太多的原因；可能是习惯了到最后家长会妥协，帮孩子处理好所有事情的原因；可能是无论怎么做都会被批评，有些厌学或者自弃的原因；可能是受身边同学朋友影响的原因……教育学家陶行知先生说过："幼儿比如幼苗，培养得宜，方能发芽滋长，否则幼年受了损伤，即不夭折，也难成材。"孩子做错的时候，不是焦虑的时候，而是拉近亲子距离的时候；孩子做对的时候也不是骄傲的时候，而是提高孩子自信心和自尊水平，成为更好的自己的时候。

小的时候教孩子认识时间，把时间与事件对应，渗透给孩子时间意识，而且多用游戏的方式进行鼓励。比如，孩子穿衣、吃饭动作磨蹭，可以比赛，看谁快又好，不但可以让孩子参赛，还可以让孩子当裁判制定规则。孩子做作业磨蹭，可以跟孩子约好自己独立完成作业，并对作业时间和质量提出要求，同时承诺如果做得又快又好，可以取消课外作业；如果有错，那么错题单独再做一遍或者加三道同类型练习题；如果字写得难看，就挑出来重新写，而且要不吝啬把空出来的时间给孩子用来玩游戏、做运动。让孩子觉得自己的快是值得的，而且家长要学会不催促不提醒，让孩子自己用心体会时间的存在与消逝。孩子大了之后的拖延，既有前面提到的目标、动力、时间管理问题，也有方法问题。需要给孩子更大的耐心，不仅要认识时间，还要学习一些时间管理的方法，不仅要完成课业内容还要学会提高学习成绩的方法，并且体会到学习的成就与乐趣。比如，纠错法、朗读背诵法、模拟考试法等。此外，利用帮助孩子解决问题的机会帮助其缓解自我焦虑，孩子会明显懂事很多，积极性会增强，效率和品质自然也会有所提升。比如，从幼儿园进入小学，小学进入中学这样的重要转折阶段，孩子通常会在兴奋中夹杂着焦虑。家长要在这个时段多倾听、多关心、多帮助，让孩子尽快体验到成就感。

3.我们可以用焦虑促进深度思考与学习

我们的家庭教育中，家长使用"听话、吃饭、写作业、抓紧点、听见没有、三二一"这类型的祈使句的比例非常高。要知道，很多时候让孩子知其然还要知其所以然，而且这种知道还不是家长简单说教出来的，而是展示出来让孩子发现、比较、思考、得到的。相对于直接要求的方式，我更鼓励家长把孩子放到一个优秀的环境中去观察、去挑战。要知道，差距是可以引发焦虑，从而激发人的更深层次的潜能的。不是让孩子误以为他(她)已经学会了方式,而是引导其以观察者或者挑战者的身份进入实际情境。要相信,面对差距,迎接挑战,这是每个孩子在面对新事物、新环境时都会有的心态,只是我们家长和老师往往急于得到结果,所以成长过程中对孩子的保护和鼓励不够,而且忽略了孩子自己与自己比较的进步,才导致有的孩子努力过然后又自我放弃。因此,适当利用焦虑激发孩子深度学习与思考,要比当下孩子做了什么来的重要。

现在的孩子上学前就开始玩短视频软件,十几岁就会直播,我们很多家长被远远甩在了后面。怎么利用这样的契机让家长再次引领孩子的成长,帮助孩子完成成长挑战呢?我建议家长可以开始跟孩子一起学习,或者鼓励孩子学习短视频制作及相关的更高阶的技术,因为要学习技术,又促使孩子自觉地开始了解相关的科技知识。没有人要求我们的孩子都去做相关专业,但挑战自己、提升自己、不断进行深度学习的勇气与习惯,是孩子一生都需要的。在这个过程中,可以设置成果愿景或者作品比赛,让适度的焦虑参与其中,增加乐趣与难度。再比如,很多孩子非常"宅",没有体育运动的习惯,怎么办呢?我的家里有我和弟弟两个孩子,小的时候爸爸为了鼓励我们晨练,给我们讲了一个关于"健康银行"的道理。他说,每个人的健康和金钱是一样的,要去赚回来,存起来。赚钱的办法是工作,赚健康的方法是运动。赚来的钱存起来等需要的时候花,能够过上很好的生活;赚来的健康存起来,未来寿命比别人长,生活质量比别人高。然后爸爸每天给我们记录运动时长,不定期进行奖励。我们为了奖励和不被对方落下,着实认真运动了一大段时间,为之后的身体素质打下了好的基础。爸爸的做法让我们听懂了，受到刺激了，也坚持下来了，当然弟弟坚持得比我好，最主要的是我们体会了、思考了，然后传递了。我的侄女、孩子都非常喜欢运动，把它作为生活的必要部分。

4.我们可以利用焦虑促进周密谨慎的习惯形成

虽然焦虑往往被定义为负面情绪，带有贬义色彩，但具有焦虑情绪的人看待事物的时候往往会想的比其他人多，比如，有的人因为要上台演讲焦虑、有的人因为要考试焦虑、有的人因为不知道选择什么样的学校焦虑。不管什么样的焦虑，每个人都会给出自己的理由，我们要学会倾听自己，倾听孩子。不敢上台讲话的会说自己怕人多、不知道眼睛看哪里、手放哪里、不习惯环境等。考试焦虑的会说某某学科不是自己擅长的、复习时间不够、自己的目标好像达不到、考场换了没有朋友等。不知道选择什么学校的会说中国教育好，西方教育也好，公立学校好，国际学校也好，亲属在英国，自己想让孩子去美国等。

大家看，焦虑背后这么多的信息中，是不是有一部分可以被转化利用呢？当然是的，我们不能把焦虑放在那里不管它，既然要和谐相处，那就要良性互动。合理利用是要取出可以用的部分转化为自己的资源。具体到利用焦虑促进习惯养成的部分，那就是引导孩子为了不再焦虑，而学习做所需的各种前瞻性准备。比如，有的孩子在演出或考试前会因为环境不熟悉而增加焦虑感，可以通过提前熟悉场地的方式进行焦虑缓解。有的孩子上台讲话胆子小，慌乱的眼睛不知看哪里，那就可以通过在家里对着镜子练习和利用家长朋友当听众，训练自己用眼睛看听众额头的方式进行焦虑缓解。过于腼腆，在人前讲话经常会手足无措的，可以通过提前设计动作的方式进行焦虑缓解。我也会建议,不能到现场考察和不能进行彩排的孩子可以在自己的头脑中进行反复预演,让很多东西进入自己的无意识,对缓解焦虑也是很有帮助的。学科不擅长、复习不充分的,根据需要复习的内容倒排考前复习进度表进行重点突破,相信每次一点点的提升都会对增强信心、缓解焦虑有所帮助。孩子无论因为何事制定的目标,都需要确定其合理性,一旦目标不容易达成,就采用修订目标的方式缓解焦虑。如果孩子喜欢依赖朋友,因为见不到朋友而复习不好,可以通过跟朋友约定一个特定的复习方式进行"云陪伴",从而忘掉焦虑。如果是家长觉得教育方式各有好处,无法做出选择的,最简单的方法是做个实地考察,再分析一下孩子的特点,列个损益比较表,选择一个孩子愿意接受、性价比最高同时又利益最大化的,就什么焦虑都没有了。

5.我们一定要教会孩子认识焦虑、使用焦虑

家庭教育中的绝大部分焦虑来自家长,但我们也需要孩子有能够自我调整、自由转化,以及合理使用焦虑的能力。特别是对于稍微大一点的孩子,我们还是要教会孩子认识自己的情绪,与情绪和谐共处并能够适当加以利用。可以告诉孩子你自己的焦虑。选择他关心的和关于他的,其中可以告诉他的一部分就告诉他,告诉他(她)你的焦虑和焦虑背后的原因。用你的坦白引起孩子的共情,让他(她)愿意聊聊他(她)的焦虑和背后的原因。需要注意的是不要打断、不要评价、不要批评。

可以告诉孩子焦虑的基本特征,让孩子试着认识这种情绪。焦虑的特征包括运动不安、自主神经功能亢进、过分警惕、某种自我强制性习惯行为形成等,比如坐立不安、长吁短叹、肌肉颤抖或疼痛、身体某些脏器疼痛或不适。不停刷手机和反复开关电器等下意识动作;心悸、

气短、头晕、头疼、多汗、面色发红或发白、口干、恶心、腹泻、尿频；容易受惊吓、入睡困难、容易惊醒、容易被激怒，都是内心焦虑的表现。如果这种焦虑不会随着情境的消失而解除，那就值得注意了。当然，家长也要对抑郁症做到心中有数，以便进行识别和帮助。如果较长时间出现心情压抑，对人和事表现冷淡，不愿说话，对生活缺乏信心；行动缓慢、精神不佳、不想做事；晨起心情不佳、没有精力、体乏；过分贬低自己，消极否定看待事物，特别是自己；出现食欲减退，体重减轻，睡眠障碍，性功能低下等问题，那就值得警觉了，建议就医。有人说不开心是有目标的，而抑郁是没有目标的。这是帮家长进行识别的基本办法。

还可以告诉孩子上台前、考试中、运动会上，遇到突发情况或出现一些症状是正常的，我们可以提前准备、调整呼吸、接受最坏的结果、学着保护自己的身心并降低伤害。但在面对重要事件之时，甚至要允许有意让自己出现一点轻微焦虑症状。比如，考前和同学约定成绩，没达到的有惩罚。考试或上场前增加一些仪式感，比如三天不洗头、早餐吃同一种食物、听某一首背景音乐静坐冥想等。更要告诉孩子焦虑越前置作用越大，就像收回的拳头打出才是有力的一样。每次小考当大考，每次训练当上场，焦虑成为提前准备和一直准备的动力，机会总会有降临的时候。

最终，还是要把孩子引导到自我实现这条最重要的路径上来。这是人生最重要的一种选择，是一个人追求的终极目标，它是不以任何人的意志，其中也包括不以父母的意志为转移的。意大利幼儿教育专家蒙台梭利认为，每一个孩子一出生就有一个精神胚胎，这个精神胚胎中藏有心灵成长的密码。孩子只有通过自己的行动、感受和思考，才能解开这个密码。可是现实不然，很多父母总认为自己是最爱孩子的，所以会不自觉地把自己的意志强加到孩子身上。父母往往认为自己是正确的，而孩子是幼稚的。孩子因此被父母的意志绑架，很难获得心灵上真正的自由。

　　所有的家长都应该意识到自己是孩子身后的"靠山"，这里所说的"靠山"可以理解为基础，比如提供给孩子必要的物质需求；也可以理解为支撑，比如为孩子解决一系列问题。可能家长们会有疑问，哪些物质要求是正当的，或者必要的物质需求是什么？教大家一个方法，可以设定一个所谓的度，这个度就是攀比。比如孩子想要某一个品牌的运动鞋，当孩子列举出许多条件尝试说服你的时候，如果里面涉及了"其他同学都有"这一条件，这个时候孩子的物质需求就不能理解为必要需求，您就要考虑了，因为这里已经涉及了"别人有，我也要有"的攀比心理。如果您想满足孩子，就提出一个非分数且并非高不可攀的交换条件，比如每天负责收拾房间，持续一周，卫生检查合格，就可以满足孩子的物质需求。至于是先满足要求再达成条件，还是先达成条件再满足要求，就要因人而异了。我比较推崇后者，这样还能顺便培养孩子延迟性满足层面的能力。

　　无论如何家长都只能努力做"靠山"，而不要急乎乎成为挡在孩子面前的"高山"。很多的家长因为经验、因为爱，不仅劳心劳力地为孩子规划未来、指明前途，而且软硬兼施，直到孩子接受自己的规划按照自己的意愿去做个乖孩子过好幸福人生才算是圆满结局。讲讲我跟儿子达成和解的故事吧。他本科三年级的时候，我开始跟他说起准备申请研究生的事情，于是我们开始出现分歧。在他看来，他的专业实用性很强，就业率不错，本科还是研究生区别不大，不急于一时必须读研。我的想法是他的本科学校很好，读研究生有机会进入世界顶尖学府，眼界、资源，以及就业前景更为有利。于是，我们开始了接近半年的拉锯战，劝说、要求，乃至冲突都有，直到我冷静了一段时间，跟他通了一次话。我说："我们双方的意见没有绝对的对错，之所以你不接受其实是你想自己拿主意。你的苦恼不在于我说的对不对，而在于我一直在你想明白之前就给出意见，在你向前的路上我就像向前移动的高山，你用了二十多年却无法翻越。因此，我做了个决定，从此不再出现在你前面让你觉得高山仰止，而是出现在你后面，在你需要的时候尽力帮你。希望你也不要为了反对而反对，在犹豫时考虑考虑其他人的建议。"儿子沉默了好一会儿说："谢谢老妈理解，你说的是我心里想的。我也会认真考虑你们的建议。"我们达成和解，结果无论怎样，我们都能够愉快地接受，他也很有男孩长成的成就感了。相信此时，我们彼此心中没有焦虑，也没有压力。

　　家庭教育是社会发展的"上风口"，是社会价值实现的"风向标"，是时代风貌的"浏览器"，更是家庭亲子关系的"测温计"。只有让孩子不被家庭教育焦虑情绪左右，形成强大的自我成长能量，最终长成自己喜欢的样子，才能成就最健康、和谐的亲子关系，或者说这才是最理想、最健康的亲子关系。家庭教育与亲子关系，不是生产力与生产关系这样的谁决定谁的关系，而是类似作用力与反作用力的关系。良好的、科学的家庭教育方式可以让亲子关系更加牢固，而良好的亲子关系也可以使一些不太科学但比较实用的家庭教育方法得以顺利实施，发挥最大的效益，并且能够最大限度地消除不科学的教育方法带来的负面性,不会过多地影响孩子的自我成长。我个人当然比较推崇良好的亲子关系与科学的家庭教育相结合这样的互动模式。

　　家长因为没有受过专业训练,在面对孩子很多问题时可能很难第一时间找到科学的解决方法,这个时候建立良好的亲子关系就极为关键了。很多教育学家把家庭教育体系描述成构建高楼大厦的基石。基石打得好,才能建优质的高楼大厦,家庭教育搞好了,才能为培养优秀人才打好基础。这种以深厚浓烈的亲情之爱和细致入微的体贴方式而进行的家庭基础性教育,是其他任何教育形式所不能取代的,对任何人一生的成长都起着奠基作用。各位家长注意,这里的几个定语,深厚浓烈、亲情之爱、细致入微,您看到这些定语的时候是不是能明白建立良好的亲子关系在家庭教育中的重要性了? 那么家庭教育中的过度焦虑给亲子关系带来的深远影响也就不言而喻了。因此,家长不必焦虑,请认真守好自己的本分,耐心守护好孩子的根基,细心呵护亲子关系的良性互动模式。

　　接下来,我们将在亲子关系的这条主轴线上截取几个重要类型和时期,对其共性问题及应对策略进行分享。

网友问题互动

网友：被暴力对待过的孩子成年后对亲子关系如何认知？

我：被暴力对待的孩子通常会产生性格问题，比如，受虐型人格、讨好型人格、暴力型人格等。其中暴力型人格，也会用暴力方式对待自己未来的家人。另外，被暴力对待的孩子与自己的原生家庭之间会感情冷漠，甚至有积怨。最终能否达成与自身、与原生家庭的和解更是因人而异。只是这个比例是极小的一部分，绝大多数被暴力对待过的孩子会带着伤痕和怨恨度过终生。

网友：有了二胎如何处理与一胎之间的关系？

我：孩子的安全感和对新生命的认知全部来自父母的引导，家长要在孕育二胎初期做好一胎的思想工作，了解多一个兄弟姐妹的陪伴的好处，以及父母对自己的爱不会被侵占。另外，父母也是肉体凡胎，很难做到绝对的"一碗水端平"。所以要想两个孩子不形成冲突与竞争关系，在有了二胎以后父母更要关心一胎的情绪，并邀请一胎参与二胎的养育与陪伴。

第四讲　特殊生产方式出生的孩子自然要特殊养

　　孩子的出生方式不同,决定了孩子的发育特点会有所不同,发育特点的不同决定了家长的教养方式必须相应随之调整。特殊生产方式应有相应的养育方式,家长们如果了解并且跟上了还好,否则亲子关系必然会受到影响。当家长因为不了解而误解,因为有期待而失望的时候,伤害、矛盾、冲突就都成为可能。本人经历过太多次家长和孩子各自委屈、相互失望又担心对方失望的场景,经历过太多次和家长交流,孩子之所以如此,其根源在于他(她)自身的生物基础。当告诉家长今后应该如何进行调整,然后看到家长恍然大悟的表情,这些都促使我下决心要和家长们好好聊聊因为孩子的出生方式不同、身体基础不同而带来的亲子关系变化。

　　在选取典型人群、典型阶段、典型问题的时候,我首先想到的就是关于特殊生育方式的孩子,比如剖宫产儿、难产儿、早产儿的养育问题。这类孩子因为其生产方式的特殊而带来了生长过程的特殊性,从而使养育过程出现一些共性问题,进而可能会引发亲子关系问题。因为精力与能力的局限,我只在众多的孩子基础性问题中对剖宫产儿这个群体的特点和教养进行过观察、分析与思考。而且,尽管这几年关于剖宫产儿的知识普及逐渐多了起来,不过在我看来还远远不够。因此,我们专门来聊聊这个群体的事。

如果你身边有剖宫产妇和剖宫产儿,我确实希望走过路过的你不要错过,可以把这部分内容分享给她们。如果你恰巧是剖宫产妇或者剖宫产儿,那就请你直接坐好,我们聊聊。我自己曾经是剖宫产妇和剖宫产儿的妈妈,这让我有机会观察和实验了多年,有机会看到许多剖宫产儿成长案例。可能是观察时间太久了的缘故,我逐渐驾轻就熟,慢慢地居然练就了从一群孩子中快速找出剖宫产儿的技术,比我玩抓娃娃机的技术好得多。不要以为这有多么玄妙,其实不过是因为剖宫产儿存在明显的共性问题、共性特征而已。在这些问题本身需要调整的同时,家长的误解也需要调整。

一、剖宫产儿的群画像

剖宫产儿有什么相似的个体特征,让人如此好辨认呢? 我们来给这种方式出生的孩子做个群体画像吧。比如,孩子从小和别的孩子相比呼吸系统容易生病, 自身脾胃不和或者脾胃比别人弱;胆子小、怕黑、不愿意独处,特别是独自入睡,即使入睡了,也很容易醒;喜欢有人陪伴,喜欢与人有身体接触,大部分孩子喜欢"黏"着妈妈;敏感,女孩子容易爱哭、男孩子容易着急;性格会两极分化,大部分孩子呈现比较内向的性格,少部分孩子极度外向,爱说爱动;容易分不清方向,爱挑食，容易晕车；小时候有一个较长的时间段出现鞋子穿反的情况，学习系鞋带的过程比较漫长；上学后会有一个较长的阶段出现词语、数字顺序或笔画颠倒，漏看漏答题目的现象；注意力集中时间短，小学三四年级之后出现学习困难；中学阶段出现早恋、青春期社交障碍、青春期癫痫、青春期抑郁等现象；成年后偏爱"姐弟恋""忘年恋"；曾经的剖宫产儿，自己作了父母后在育儿过程中易怒、易冲突。对照一下你或孩子的成长经历，情况符合占比 70%以上的话，我们之后的对话的基础就建立完成了。

看到这里，你知道我是怎么找到这些剖宫产孩子的了吧。如果我们已经达成认知趋同的沟通基础，那么我接下来要告诉你，剖宫产儿早恋的概率要高于正常产道出生儿，曾经的剖宫产儿如今为人父母在教育孩子时更容易情绪起伏。不过如果两胎都是剖宫产儿，好消息是第二胎普遍比第一胎好带一些。你有可能认同或者试着去求证吗？

在这里我想先放下剖宫产儿的话题，拥抱一下剖宫产儿的父母，尤其是剖宫产妇。剖宫产儿的父母在身体有巨大付出的同时，心理建设与精力投入也比一般父母要多很多，你们辛苦了。因为很多人在没有听到我的观点的时候可能并没觉得自己辛苦，也没觉得自己孩子可能来自"火星"，在地球上需要漫长的"驯化"周期。纵使有人意识到了自己孩子的与众不同和自己的辛苦，也觉得孩子的种种问题不过是孩子成长道路上必经的，再有三年五载长大就好了。看到这里，会有很多人开始明白，也会有很多人感觉到无望，不知到这里我会被多少人飞"板砖"，我考虑先躲一会儿。如果真的因为明白而痛苦，那么我先说声抱歉，然后说声不必惊慌，我们这里要解决的就是"不让火星撞地球"，让剖宫产儿顺利成长，让亲子关系处理得法，所以我们同在。

二、孩子不知道但家长要知道

接下来就让我们采用一般事物的认知规律，即发现问题、了解成因、解决问题的简单三部曲来进行解构。

先来讲几个剖宫产儿和剖宫产妇的故事吧。讲故事与做销售最明显的相同之处就是往往都从"贩卖自己人"开始。我先讲讲我儿子的故事。从出生开始喜欢有人搂着入睡，稍微挤一点也不用担心他会反抗。长到三四岁时为了鼓励他独立入睡，每晚花样不断，室内帐篷、沙发"城堡"、睡前故事、睡前音乐……每每他享受完这些本该昏昏欲睡，却又会忽然翻身起来拉你回到原来的状态。到了该上学的年纪，也许是大了，也许是激励机制起作用了，终于可以在自己的卧室独自入睡了，但经常是我被睡前故事和睡前音乐送去见"周公"，他还醒着。不知大家有没有这样的共同经历，在已经安睡的后半夜，忽然感觉异常，睁开眼睛发现床边站着一个抱着枕头的小身影，可怜兮兮地告诉你："妈妈，我睡不着。"据说中年人是最喜欢使用微信脸部表情的，大家可以想象一下，在这里加上一排嘴角向下的无奈表情。我曾见到的比较极端的怕黑和独立入睡困难的剖宫产儿，到已经成年还与父母同屋分床而眠。我的小侄女，因为在另一个城市生活，她小的时候我们不常见面，每次我们相聚时大约都要经过四五天的接触才有可能让我抱抱，而一天交流下来说话总量也不会超过五句。她总会用一双圆圆的大眼睛怯怯地看着你，让你知道她什么都知道却从不靠近你。走路时非常喜欢抓着妈妈，胆小腼腆、性格内向。

几年前，我在教育培训机构进行一次家庭教育讲座，到了互动环节，一位早教中心老师很发愁地跟我说，她班上有四五位小朋友非常爱哭，为此这位老师都已经焦虑到想到上班就头疼。恰好几位家长也在现场，询问下得知全部是剖宫产女孩。我又问现场的家中孩子还有没有特别爱哭的，又有五六位家长举手，又全部都是剖宫产孩子，而且几乎都是女孩。现场沟通到这里，老师和家长们面面相觑、哭笑不得的样子至今让我记忆犹新。大约是因为她们找到了盟友，发现自己不是"孤军奋战"，又同时对自己的处境感到无奈。我和先生分别都有几位以剖宫产方式生育了两胎宝宝的小友，每个人都说老二比老大好带。这里的奥秘我们后面再揭晓。老大们有的敏感任性、有的多动爱说、有的胆小腼腆，不过大多数妈妈还都表现出了耐心和包容。其中一位小友就显得尤为"突出"了，她是斯斯文文、干净清爽的纤细熟女，跟大女儿关系不是很好。她们家就是大家常说的提到学习"鸡飞狗跳"的类型，孩子经常被打被罚，因为这样其实不提到学习，孩子也和妈妈没有很亲近了。一天孩子被罚出家门，于是一个在门外哭，一个在门里喊，家里人无奈求助。沟通中我发现，妈妈自己也是剖宫产儿，从小总有点儿"一阵一阵"的小脾气，家里人始终比较迁就。女儿上学后两人的冲突演变成了两颗"火星"之间的撞击，地球人只能旁观并且不断"躺枪"。

从什么时候开始我们身边的剖宫产孩子出现的概率如此之大，而且孩子们具有如此多的共性问题呢？这与中国的医学科技进步有关。20世纪80年代以来，祖国医学飞速发展。到90年代乃至21世纪初，剖宫产技术不断完善升级，日趋完善。剖宫产作为非正常分娩方式帮助很多的难产儿顺利降生，快速降低了新生儿的死亡率与伤残率，在生命科学领域的作用值得赞颂。科学技术没有对错，但关系科学技术运用的社会体系建设与制度保障是有利弊之分的。当伦理问题没有解决制度或制度不够健全的时候，科学技术就成了"双刃剑"，特别是在科学技术成为商业工具的时候就更是如此。20世纪90年代中期到21世纪初的十年，剖宫产在中国司空见惯。有的的确是拯救了妈妈和宝宝的生命，有的则是可剖可不剖的剖了，更有的是为了选个良辰吉日而主动剖了。这个时期，中国剖宫产率经历了历史最高峰，有个别地区剖宫产率达到60%以上，远远高于世界卫生组织提出的将剖宫产率控制在15%以下。2021年，乔杰院士等人在《柳叶刀》在线发表的《柳叶刀中国女性生殖、孕产妇、新生儿、儿童和青少年健康特邀重大报告》显示，2008—2014年，我国的剖腹产率从28.8%上升到34.9%，2018年再上升到36.7%，位居亚洲国家之首。

进入21世纪以后，我国卫生部门明确指示降低剖宫产率，剖宫产得到大幅控制。即使如此，中国的剖宫产率仍居高不下。从医学、心理学、教育学的角度看，剖宫产儿存在六个大方面的问题：手术本身带来的风险问题、影响了学习呼吸的过程、影响了触觉学习的过程、影响了神经系统协调发展过程、产生了一定的心理危害、降低了免疫系统能力。这些也就是剖宫产儿出现开头所说的各种症状的根本原因。

让我们一点一点来抽丝剥茧，梳理源头，走近剖宫产儿的生命本体，看看被动改变命运的这群孩子都被改变了些什么。这也是我要告诉各位家长的，孩子因为出生方式不同带来的孩子成长轨迹的偏离，其中未必都是不好的地方，也有一些没有问题或者相当优秀的个案，但就绝大多数剖宫产儿的生命轨迹而言，确实是在一定程度上受到了影响的。

不把产妇计算在内，单单说剖宫产手术带给孩子的风险就包括：羊水浑浊并且存留在孩子体内，如果不能及时排出，形成沉淀引起病变是一个不可确定的隐患。没有主动出生意识的孩子是不会呼吸的，所以从母体中取出来的瞬间最容易造成窒息。手术过程中孩子体内茶碱含量低，造成不能主动排出肺里的水泡形成湿肺。呼吸问题又会带来肺透明膜病变、手术感染、手术创伤，等等。

刚刚提到非常多的是呼吸，很多人错误地以为呼吸是本能，是孩子出生就自然能够掌握的，其实不然，呼吸是需要学习的。那么剖宫产是怎么影响了孩子学习呼吸的机会呢？孩子出生前原本是悬浮在羊水中的，出生过程中，羊水慢慢破了，羊膜就会贴着孩子，孩子感觉不舒服了就会反抗，一反抗就会产生宫缩，这种收缩会把孩子肺部三分之一到四分之一的体液给挤出来，把呼吸道打通，再加上孩子出来的时候，大气压会先作用于鼻腔，再作用于胸腔，最后作用于腹腔，所以孩子顺产的过程，就是一个呼吸学习的过程。剖宫产的孩子得咳喘病的概率很高，就是因为没有经历这种学习过程。也许有人会说，孩子剖宫产出生也没觉得他呼吸有问题，很正常，那是孩子出生后自学的，已经滞后和伴随遗留问题了。随着医学的发展，这一部分有所改善，剖宫产手术前专门针对胎儿肺部功能强化药物已经出现，因此孩子出生后的肺部问题有所缓解，但是否出现新的问题转移，目前尚未完全发现。而且药物能够解决的仅仅是物质基础的部分，能力的部分还是要靠学习来解决的。

接下来的改变就是靠药物无法解决的了。在剖宫产剥夺的学习能力中对孩子命运影响很大的还包括触觉学习。也许有人会说触觉还需要学习吗？没学习又有什么关系？生出来抱一抱、摸一摸、亲一亲不就有触觉了吗？其实不然。原本孩子是有胎盘紧裹着，当产道使劲压着时，孩子就清楚哪儿是我的、哪儿不是我的，在脑子里建立一个身体的地图，这对他是一种触觉学习。再加上产道出生的孩子为了降生，会在产道里完成蜷缩、伸展、扭动、平移、上下等一系列的动作，这些动作更加强化了孩子对自己身体地图的建立，强化了触觉能力。如果这个地图没有建立、这个能力没有形成，孩子出生以后会出现一种特殊的问题，叫感觉统合失调，简称"感统失调"。所以你会看到感统失调的孩子绝大多数是剖宫产的孩子。比如，左右脚的鞋穿反、走路爱摔跤、数字词语顺序颠倒及错漏、跳绳总是跳不好、学习骑自行车困难等问题都源于孩子的"感统失调"，究其根源则在于出生时期的触觉学习缺失。关于感统训练的时机与方法，会在后面的专题中再细致分享。

那么剖宫产作为问题解决而非生产方式，除了剥夺了孩子学习的机会，还剥夺了些什么，带来了些什么呢？

剖宫产还剥夺了"天赐"给孩子的第一次发展的机会，那就是神经系统协调发展的机会。孩子出生时，子宫收缩会让产妇腹腔内的血流减少，为了度过这几十秒的困难时期，为了保证在缺氧情况下心脑神经不受到损害，胎儿的很多神经不得不起着调节作用。胎儿在产道中的皮肤感觉、压迫痛觉、运动感觉、温度感觉，都会对他的神经系统产生良好的刺激，这实际上就是新生儿早期智力开发的第一课。剖宫产儿因为丧失了这次学习和开发的机会，所以出生后往往会出现神经系统不稳定、易患神经系统障碍和疾病的现象，大数据显示儿童时期的多动症患儿绝大多数来自剖宫产。

剖宫产不是只剥夺，也"赋予"。只是这些赋予都是我们并不希望得到的而已，比如对孩子产生的心理危害。这其实也跟神经系统发育关联。我们来想象一下，剖宫产先是妈妈肚子被打开，然后子宫被打开，接下来先把羊水放掉一部分，然后就把这孩子往外薅。薅的这个过程会对孩子有一个惊吓，这个过度的惊吓会对孩子造成很大的伤害。大家都知道，孩子原本是悬浮在羊水之中的，飘着非常舒服，忽然一只手伸进来就把他往外薅，往外拽，从那个黑乎乎的地方一下子拽到那个光亮的世界，这个惊吓将持续影响这个孩子生命的第一个周期——女孩 7 周岁，男孩 8 周岁。为了让大家有更直接的类比，我经常用"入室绑架"来形容剖宫产儿的降生。

随着文明进步与心理学的发展，在成人的世界中，我们已经开始懂得危机事件之后需要有心理疏导、创伤修复，但对于弱小的剖宫产儿，我们却极少有人意识这一点，更不用说去做些什么了。因此，当我面对越来越多的剖宫产儿，特别是越来越多的剖宫产儿的共性问题之后，更加意识到宣传普及剖宫产儿养育方式这件事情的重要性，因为这是让这些弱小生命面对世界的方式从被动接受变为主动改变的重要手段。我要提醒大家注意，从降生开始到多年以后，多数剖宫产的孩子和自然分娩的孩子睡觉都不一样。他们会趴着睡，一惊一乍的；经常夜里莫名其妙地哭，睡觉不许关灯，关了灯不许关门，关门也得留条缝。这就是前面我讲过的我儿子半夜站在我床前的故事。我相信很多

与其改变孩子 不如改变自己

的剖宫产孩子都有这个问题。剖宫产的降生方式带给孩子的这个惊吓到底有多严重呢？医学研究告诉我们，剖宫产会使得这个孩子肾上腺素分泌量达到一个心脏病人发病时候的 30 倍。孩子爱哭、敏感、脾气大，青春期会出现一些问题，相信大家也理解成因了吧？

剖宫产另一个"赋予"就是孩子的免疫力和抗感染力的降低。近期跟踪的一个剖宫产儿从出生到一岁多湿疹从未间断。剖宫产的"馈赠"除了前面提到的心肺疾病外，在长大的过程中更容易患上感染性或遗传类疾病，比如感冒、肺病、咳喘、便秘、皮疹、偏厌食症、糖尿病、心血管病、肥胖等。据有关数据显示，这些疾病的形成概率比产道出生的孩子高出约 12 倍。

说到这里大家有没有发现，其实孩子们被改变的无非两点：一是生命体征，二是学习机会和学习能力。这些数据的沉淀其实就是太多剖宫产的孩子用自己鲜活的成长经历在给我们发出"告知书"，在做预警。那么接收到讯息的家长，我们早一天了解、早一天学习、早一天改善，未来这些被动改变命运的孩子就会早一天回归他们原本该在的命运轨道。

从发展心理学的角度，孩子的成长有不同的划分方法和其对应阶段的成长标准。

以智力发展为划分标准：皮亚杰（Jean Paul Piaget）以思维发展为基础进行划分，包括感觉运动阶段（0~2 岁）、前运算阶段（2~7 岁）、具体运算阶段（7~12 岁）、形式运算阶段（12~15 岁）。

以活动特点为划分标准：艾利康宁（Dannil Vorisovich Eliconing）和达维多夫（Vasilee Vasilievich Davidoff）以心理成熟前的发展为依据

进行划分,包括直接的情绪性交往活动(0~1 岁)、操弄实物活动(1~3 岁)、游戏活动(3~7 岁)、基本的学习活动(7~11 岁)、社会有益活动(11~15 岁)、专业学习活动(15~18 岁)。

以生理发展为标准:柏曼(Berman)以内分泌腺作为分期标准,包括胸腺时期(幼儿时期)、松果体时期(童年时期)、性腺时期(青年时期)、内分泌全盛期(成年时期)、内分泌缺乏时期(老年期)。

以个性发展特征为划分标准:埃里克森(Erikson)以人格发展为基础进行划分,包括信任与怀疑(0~1 岁)、自主与羞怯(1~3 岁)、主动与内疚(3~6 岁)、勤奋与自卑(6~12 岁)、同一与混乱(12~18 岁)、亲密与孤独(15~25 岁)、繁殖与停滞(25~50 岁)、完善与失望(50 岁以上)。

剖宫产儿一旦降生,就成为既在这些规律之内又在这些规律之外的"特殊人物"了。这些孩子除了自身产生的问题外,还像推倒了一组"多米诺骨牌",会引发一系列的问题。其中必然包含的就是亲子关系问题,而且大概率还会引发夫妻关系问题。二者往往必居其一,或者都会发生。所有家长要首先学会在不同阶段、对应不同标准对孩子进行培养,剖宫产儿的家长要多一步工作,那就是先确定孩子在每个阶段是有优势的,还是有偏离的。如果是有偏离甚至存在问题的,那么进行回归轨道的培养是要在阶段性培养之前完成的前置性工作。这里只能再次拥抱正在苦苦支撑的父母和艰难前行的家庭,并暂时放下这一部分,回到剖宫产儿自身成长的话题上来。只有解决了这部分问题,才能更好地解决因此产生的亲子关系等相关问题。

三、特殊养成术

在给家长支招之前,我想再次阐明我的观点,与父母相比,其实我更心疼那些被动改变命运而不自知,还要被教训和嫌弃的孩子们! 因此,在发现问题、了解成因之后,我们来着手解决问题,其中既有心理学、教育学等的理论支持,还更多的来自我多年的实践经验与数据采集,因此我把这称为"成长解决方案"。解决了这部分问题,亲子关系问题自然就容易解决得多。

第一招:准备"持久战"

   先帮助孩子回到他(她)应该在的轨道上

   然后再帮助他(她)健康快乐地成长

1.理论上厉兵秣马

毋庸置疑,当今的国民素质整体上是处于逐渐提升过程中的。越来越多的家长在具备一定学历的同时, 也承认学习其实是一辈子的事。面对孩子的养育问题,很多家长也确实将其当作家庭大计来进行谋划,早早从备孕时期就进行学习。与此相同,不断学习、储备知识与技巧,对于剖宫产儿的养育来说当然也是十分重要的事情,甚至要更重要一些。理论—实践—再理论—再实践的循环对于不断"攻坚克难"的剖宫产儿父母来说,更是一条必由之路。不过,学习理论不等于"本本主义",经常听人调侃"老大照书养""老二照猪养"。我也看到了很多严格照书养孩子的实例,这些孩子普遍会比同龄孩子瘦弱些。所以家长在学习理论之初要先明白一点,没有哪本书是绝对适合你的孩子和能够解决你的孩子的所有问题的。要建立一个理念,理论经过实践检验并与实践紧密结合才能形成正确的教养方法。因此,家长需要在完成理论架构的基础上吸取理论知识的精华,然后结合自身实际指导完成实践。有些聪明的家长还可以进行经验提炼与分享,这是因为已经通过自身的思考把书本知识与实践经验进行了有效结合。有采访问我,如何给家长进行分类,从而达到有针对性地指导? 我说,家长在我眼里大致有三个进阶阶段,第一个是"新手上路",白纸一张,需要从头学习,需要有人教导。第二个是"拿来主义",无论是照本宣科还是经验继承,基本是靠别人的碎片拼凑自己的逻辑。第三个是"形成主见",有经验,但不只是经验堆积;有理论,但不只是理论搬家,而是理论与实践相互作用之后形成了属于自己的一些新观点、新主张、新经验。至于每位家长能完成几个阶段的进阶,却是要因人而异的了。

　　家长们要在"照书养"和"照猪养"之间找到一个平衡,为自己的孩子搭建一个适合他(她)的理论架构并且不断修正,特别是对剖宫产儿的养育来说,这一点更加重要,这是家长们首先要做的准备工作。我个人认为,中国未来社会生存发展最好的群体会是来自大中型城市的城乡接合部的孩子们,他们的父母大多受过一定乃至良好的教育,享有和大城市孩子同等的物质与公共文化资源,同时他们的身上又兼具了乡镇孩子的无拘和胆量,这群孩子未来有可能成为社会发展的中坚力量。一家之言,我们拭目以待。如果你觉得我说的有些道理,请你找到一两本适合你的孩子当下阶段阅读的书籍并以此为基础,同时借鉴实践经验,试着为尔的孩子找到适合他的养育方式。要养育好孩子,纵使不完全照书养,也需要大量的知识积淀。

首先应该了解一些脑科学知识。人的大脑具有很强的可塑性，人的神经连接在受环境、行为、信息等不停改变的因素刺激后会一直不停产生变化。换言之，家长要清楚，人的大脑是可以训练的。大脑的前面是前脑，人的计划、策略和情绪控制部分都是通过前脑来完成的，它是重要的人体"总裁室"。前脑受损不仅会影响人的思维和行为能力，也会在一定程度上改变人的性情。这就是为什么遇到车祸脑部损伤后很多人都像变了一个人，家里人都会觉得有陌生感。而且大脑左右半球通过胼胝体连接之后实现联通，可以一致对外，才有了大脑中的部分功能可以产生联动、替换及强化。大脑的地图排列与人的身体各组成部分是一一对应的，大脑的不同区域控制人体的不同感官和功能，所以大脑不能受损。有的家长嫌弃孩子愚笨和淘气，实在气不过了可以打屁股，不要打头，就是这个原因。不仅不能敲打，在进行各种运动的时候也要尽量防止意外伤害。

与此同时，通过实验我们发现，人的大脑是用进废退的。如果身体的区域不利用大脑对应区域进行工作，那么大脑中的对应区域就会被功能取代器官的指挥区域所取代。科学家曾经用猴子做过实验，猴子的哪根手指被控制住，对应区域脑部活动就暗下来，甚至最终消失。这就是为什么很多残疾人只要不放弃自己，一样可以练出用脚代替手等能力，不是天赋异禀，而是通过不断的身体训练完成了脑部功能转换。所以我们可以听到因为伤病被宣判职业生涯结束的舞蹈家、运动员通过训练重新振作的故事。顺便说一句，这也是我为什么个人非常青睐运动康复训练产业的原因。如果不是伤痛而是功能性障碍呢？通过反复训练可以完成脑部功能替代从而达到功能正常吗？应该是可以的。

比如,因为生病而造成发音和阅读障碍的孩子,通过反复训练,最终可以通过左右脑功能传递,把缺失的功能指挥权"拿回来",使功能得以修复。因此,很多孩子之所以生病后功能障碍越来越重,有的甚至造成残疾,是因为家长和社会医疗体系给予的知识普及、提供的训练治疗、付出的精力财力都远远不足。当然,也不能一概而论,因为人脑具有一定的差异性,所以即使给予同等的训练,修复和替代情况也会有所不同。大脑产生观念、观念引导行为、行为产生结果、结果改变大脑。大脑会因为我们的想法改变神经连接导致行为,行为出现后又会作用于大脑,导致大脑的进一步变化。这是一个系统也是一个循环。神经连接的改变和强化可以通过学习而改变。大脑的使用率只有10%的说法是不存在的。

除疾病原因外,人的听力是全身机能中最后离开母体胚胎的感官,也是人在生命最后时刻失去功能的感官。由此不难看出听力的重要性。语言沟通是人类交往的最主要方式,这一方式的实现要靠听力的全程配合。这也是患有重听症的人也很容易患上忧郁症的原因所在。而且听力对于中国人更为重要,因为中文是带有声调的表意文字,极难通过读唇来理解意思。请家长记住,声音强度超过89分贝,听力会受损,听力受损的孩子学习能力相对会比较低。

今天的行为影响今天的脑部神经连接,今天的脑部神经连接会影响明天的行为出现。脑神经与行为之间的相互作用形成了经验,所以每一个人的今天都是过去经验的总和,也就是说,你过去的经验形成现在的你。这就是人为什么要有好的生活习惯、行为习惯和学习习惯的原因所在了。既然知道重要性,很多家长也确实下了功夫,但困惑依然存在。有的家长问我,你曾经说过孩子出生以后,有机会成为任何他想成为的人,但为什么最终没有出现那么多的人才呢? 我给大家的解释是,是家长用自己的认知限制了孩子的神经连接,改变了孩子的大脑发展轨迹,最终把孩子塑造成了自己以为或者自己也控制不了的样子,而且不止一代,而是一代又一代。我自己也身处其中,即使自知,却也不能自拔。因此,用脑科学思维看待孩子,虽然道阻且长,但只要坚持科学方法,就一定可以达成目标。

2.做好心理上的延迟建设

有一个很著名的实验,讲的是给孩子吃糖果,如果能够坚持几天不吃,就能够拿到加倍的糖果。这个实验被称为"延迟快乐满足",也被称为"糖果效应"。从心理学的角度,能够做到延迟快乐满足的人,内心健康, 能够取得较大成就的概率远远高于不能做到延迟快乐满足的人。我本人很喜欢李玫瑾教授,她也曾分享过她在带外孙的过程中对孩子进行的延迟快乐满足训练的小故事。现在很多家长也懂得在孩子的不同阶段,用不同的"糖果"训练孩子的延迟快乐满足能力。这是好的,但是经常有家长反馈说收效甚微。细细追问,发现很多孩子表现出了对奖励无所谓的态度,家长想用奖励的方式鼓励孩子行为习惯的养成好像变得有些困难。究其原因大致有三:一是孩子与父母的关系没有距离感,父母的权威性无法对其形成震慑。二是孩子的物质需要比较容易满足,对家长提出的奖励没有向往。三是我们家长自身的延迟快乐满足心理建设不足。尤其是在孩子的养育问题上,家长是否也像一个期待糖果的宝宝做好了延迟快乐的准备,具有耐心期待的能力呢?

人的欲望是个很有意思的东西,既可以受人控制,又可能漫天生长。而在对待养育孩子的问题上，家长的欲望往往会漫天生长。孩子降生之初，所有家长都在内心期盼孩子健康就好、平安就好。随着孩子的逐渐生长，家长的欲望也开始生长。而且在大多数时候，家长欲望的生长速度要比孩子的生长速度要快得多。随着孩子一点点长大，家长们的内心开始期盼：我的孩子可以比隔壁的孩子漂亮些，可以比同班的小朋友聪明些，可以读到更好的中学大学，可以比同龄人更有出息些，甚至他（她）的老婆（公）孩子要比别人再强些……因此，为人父母之后，我们要像等待更大的奖赏一样，小心保管好"对孩子的期望"这颗糖果，等到合适的时机再细细品味。

我们要学习管理自己的欲望，千万不能放任它野蛮生长。当然，这也不能全怪家长们。从社会环境来说，当下作为主力军的"80""90"后家长们被诱惑、被驱赶，可能顾不得细细思考就得行动，可能等不及延迟到来的成果，希望当下就能见效。这些年轻的父母们刚好还赶上了社会高速发展的时代以及中国剖宫产高发时代，于是群体无意识的焦虑开始在年轻爸妈中间悄然蔓延。家长们往往希望孩子的成长也能够"立竿见影""马上兑现"。家长与孩子在延迟满足方面的最大差异在于，家长会有理性认知，知道教育不能急功近利，教育是有周期性的，但在行为上却又有可能出现比较着急的情况。家长们，教育急不得，特别是当孩子是以剖宫产方式出生的时候，就更加急不得。

送给家长们两句话，一句是在我儿子小的时候，我常常用来安慰先生和家人的，"我的孩子，不会赢在今天，不会输在未来二十年。"因为我延迟期待，所以能够耐心等待。第二句是多年来我在自己办公室贴着，一句墨西哥谚语："走得慢一些，等一等你的灵魂。"用来在物欲横流的当今找寻自我、稳住自我。希望大家能够认识到做好心理建设的重要性，尤其是剖宫产儿的养育，需要先完成把孩子拉回发展轨道的工作，所以家长必须具备延迟满足的意识与能力。

3.感统训练应尽早并且坚持

在把剖宫产儿的成长带回原有轨道的时候，感觉统合训练是重要且必需的一个步骤。接下来就让我们进入有关的实操部分。

对一岁以内的宝宝进行"抚触"训练最有效，每天训练两到三次，每次十分钟左右，包括伸展、蜷曲、蹬踏、翻滚、抓握等动作，爸爸妈妈应该辅助进行的是按摩等精细的发育促进，以及抛接、倒挂等大幅度动作的发展。特别需要爸爸们多些付出，帮孩子多进行一些大动作训练。当然，这也不是一蹴而就的，需要根据孩子的接受情况循序渐进。除了用人进行辅助训练外，借助玩具进行训练也是很好的办法。比如，摇摇马是对两岁以前的孩子都能够进行训练的器械，很多家庭也都有。只要家长规划明确、使用得当，充分利用玩具，一定能够发挥出很好的训练效果。很多玩具都具有这类功效，家长可以研究与关注。

三岁以内的宝宝可以由父母带着做亲子体操，每天至少一次，每次至少十分钟。动作包括伸展、弯曲、下蹲、踢腿、抓握等内容。再有，推荐家长尽可能培养宝宝的游泳能力。不只因为婴儿的游泳能力训练起来较为容易，还因为练习游泳是有效改善感觉统合能力的途径。游泳是最接近孩子在母体内的运动模式、弥补感觉统合协调能力的方式。所以这种训练应该从出生开始就训练，越早越好。尤其是当孩子到了一岁以上，抚触不再是重要的感统训练方式之后，游泳就变得更加重要。现在幼儿游泳已经是普及性很高的项目了，许多家长可能还只是把它当作一种技能在进行培养，也有可能因为各种原因坚持不久。希望当家长了解了游泳在感觉统合训练方面的作用之后，能够把它当作剖宫产孩子的疗愈方式，有所坚持，至少要坚持到孩子七岁以后。在这之后，孩子由于自身的技能稳定，就有可能形成自己的爱好，或者有所坚持了。

弗洛伊德从精神分析的角度提出了游戏补偿说，认为儿童的很多冲动和愿望在现实中得不到满足，就从游戏中寻求补偿。的确，对于3~6 岁的幼儿来说，游戏是其参与社会生活的主要形式，更是其认识世界和促进社会知识发展的一种有效途径。与此同时，游戏也是促使幼儿身心迅速发展的最好活动形式。在正确组织的阶段活动中，幼儿的认知、情感、意志、人格、道德等能获得较快的发展，而且由于儿童担任游戏中的某些角色，必须努力去完成，他们的动作就更富有目的性和积极性，从而有效地促进其身体运动器官的发育。其实，何止儿童，当下很多青年人乃至成年人也是如此。各种怀旧玩具、怀旧游戏、成人同款游戏社群的产品和服务层出不穷。其中既有产业商业化的推手作用，更有心理诉求增强和心理成熟期延后等多种原因共同促成。通过游戏方式再融合玩具的训练，比较容易达到理想的效果。游戏的类型多样，功效也不同。从心理认知的角度看，游戏类型包括练习性游戏、象征性游戏、结构性游戏、规则性游戏。从社会属性的角度看，游戏类型包括独自游戏、平行游戏、联合游戏、合作游戏和旁观游戏。从创造能力的角度看，游戏类型包括虚构游戏、累积游戏和假定游戏。从教育功能的角度看，游戏类型包括自发游戏、教学游戏。我们鼓励孩子进行的游戏类型尽可能多样，比例尽可能均衡，玩具使用尽可能既体现家长的引导，又能让孩子独自驾驭。比如，孩子独自游戏和旁观游戏的时长一定是游戏类型中占比最少的，教学游戏和练习性游戏一定不是占比最多的。游戏逻辑架构越规则，孩子的参与积极性就会越高，能力越强的孩子，逻辑能力越容易快速发展。游戏过程组织和执行热情越高、能力越强的孩子，社会融入能力的优势越容易凸显。

下面我简单列举几个不同年龄阶段的感统训练游戏。还处在这个年龄阶段的各位妈妈可以尝试在家中做一下，哪怕孩子已经在专业的感统训练机构接受过训练了，孩子在家里再进行一些有训练效果的游戏，会让他更好地得到调整，既改善孩子感统失调问题，又可以增进亲子关系，是个一举两得的事情。

第一个游戏是 0~3 岁这个时期婴幼儿最适合的，游戏专业的名字叫"阳光隧道"。它的训练目的是调节大脑前庭感觉系统，加强肌肤的接触刺激。这个训练要求并不难，只需要您每天让孩子匍匐着身体，从一个您制造的小"隧道"中通过爬行的方式顺利通过就好。在孩子 0~2 岁的时候制造这个"隧道"的最好工具就是被子、毯子之类的熟悉而且柔软的物品。它既可以让孩子的肌肤刺激循序渐进，也可以避免孩子因为陌生事物而产生的害怕心理。当然如果孩子还是会因为黑暗而感到害怕的话，你不必着急，可以先让孩子在"隧道"四周玩耍，然后慢慢引导孩子去一点点接触黑暗，一直用声音鼓励孩子，让孩子感受到您的存在，尽量消除黑暗对孩子造成的恐惧。当然，也可以用在隧道的另一面摆放孩子喜欢的玩具或食物的办法来引导孩子完成穿越爬行。在 2~3 岁的时候，"隧道"就可以考虑更专业的感统训练器材，并且加大难度，当孩子在隧道中爬行的时候，让孩子边爬边推一个球或两个球,同步完成前行。

第二个1~2岁孩子最适合的游戏叫"游戏训练球"。这个游戏的训练目的是锻炼孩子平衡调整力、保护反应、肌力、协调、速度等。需要让孩子坐在游戏球上双脚分开自然垂下,双手扶于球上或腿上,在保持放松的同时模仿家长做一些简单的上肢与头部动作。注意一定要放松,绝不可在肌肉僵直状态下操作,那样就会适得其反。与此同时,要注意两点。第一要注意观察孩子力量控制、动作速度、动作角度和扶持力的大小,越合理越放松越好。第二要全程陪护,如果孩子出现紧张或抗拒的情况,不要强迫,要及时给予鼓励,注意引导方式的使用,争取得到孩子的配合,以免造成孩子肌肉过度紧张,适得其反。

3~6岁孩子最适合的游戏名字叫"游戏大龙球"。它能提供这个阶段孩子最需要的触觉刺激,同时还有抑制神经兴奋程度的作用。此外,这个游戏还可以改善孩子的身体协调能力,强化手眼协调能力及双侧肢体的平衡控制能力,促进整体运动能力的提高。这个被促进的能力同样是孩子未来成长发育中最需要的能力,它和孩子未来的行立坐卧规范能力有着密切的关联,同时也是精细化动作训练的起始。这是可以在家庭中完成的感统游戏中唯一可以训练孩子未来精细化动作能力的游戏。下面我们说说具体操作方法吧。垫子和大龙球是常见的瑜伽用具。首先,家长让孩子仰卧或俯卧在垫子上,用大龙球在其身上滚过去,若孩子喜欢这种压力,可尝试加重一点压力。把孩子喜欢的一些玩具放在大龙球滚动时孩子伸手可触的地方,用玩具引导孩子卧在球上前后慢慢滚动,让孩子探身去摸玩具,必要时可使用会发声的玩具,以帮助孩子辨明玩具所在的方位。开始时要注意将玩具放在相对比较近的距离,最好让孩子容易取到;逐渐挪动玩具,一点点移到远处,并在孩子探身取球时提醒他尽量自己保持身体的平衡。过程中家长需要注意在协助孩子俯卧到大龙球上的同时,让孩子尽量保持平衡姿势。

当孩子处在 4~6 岁这个阶段的时候,我个人推荐"平衡站立捕捉"这个游戏。游戏可以达到两个训练目标,第一个目标是提升孩子身体的协调和平衡能力,第二个目标是对孩子的手眼配合能力进行训练。游戏过程也分为两个阶段。第一阶段要求孩子睁眼睛双手伸展或垂直站立,能力强的孩子可以挑战单脚站立。当可以站稳并坚持 5 秒钟以上的时候,再练习双手交叉在胸前站立,同样需要坚持 5 秒钟。每天的练习时间可以随意分散,但总量要保持在 6 次以上。当孩子完全可以完成站立,并且每天站立都可以做到游刃有余的时候,您就可以进入第二个阶段开始进行捕捉了。其实所谓"捕捉",就是通过诱使孩子分心来达到训练孩子专心的目的。在这个阶段,家长可以先用 DVD 播放孩子喜欢的动画片,尝试让孩子在站立的时候分心,不要把所有精力都用于身体平衡,等到孩子可以稳定站立了之后,开始换成用手机播放动画片。家长站到孩子面前,举着手机让孩子看手机里他(她)喜欢的内容,直到孩子不用专注在站立这件事上,就完成了训练要求。

最后也是最重要的环节,家长要保证由家长举着手机,同时手开始上下左右地无规律移动,让动画片吸引着孩子的眼睛,让孩子随着家长的手完成上下左右的捕捉活动。之前孩子盯着静止电视机的时候,可以训练孩子的注意力,后面换成捕捉动态的时候就是训练孩子的手眼配合能力,这个能力真的非常重要,因为这是孩子未来能否集中精力完成学习的一个基本的素质。在游戏进行中家长需要注意的是,在孩子最开始尝试掌握平衡的时候,如果孩子自己不能找到有效的方法,千万不要强制孩子去不断练习,这样对孩子的自信心是莫大的伤害。家长可以借助外在工具实现训练目的,比如尝试扶着墙或者椅背,当然最好是扶着家长的手站立5秒。当孩子慢慢找到平衡规律的时候,您的手就不用支撑,改为扶持即可,然后一点点撤掉,切记不要急躁。另外,游戏式训练是为辅助专业训练,也是为了促进亲子关系良性互动,所以家长不要太严苛,要注意趣味性,要尽量提前约定好奖励办法,或者用擂台赛的方式。动作要求要事先交代清楚,而且游戏过程中语言干扰要从少到多,逐渐增加。

孩子还可以通过专业的感觉统合训练器材与方法持续进行改善。很多家长感觉孩子小的时候很多练习安排落实起来不是出现时间问题、精力问题,就是出现孩子配合问题,存在困难。孩子大一些沟通容易之后,训练落实也会容易一些。因此,有很多三岁以后的孩子乃至小学低年级的孩子在进行感统训练。这些孩子除了借助游戏和玩具进行改善外,可以进行一些相对专业的训练,改善速度和效果会相对明显一些。比如,每天坚持大龙球、陀螺椅、平衡板、羊角球、跳绳等器械训练。完成涉及平衡、翻转等大动作的能力训练。每天在家中玩玩手工,做做择豆子、穿针线等游戏,完成精细动作与意志品质训练。

下面给大家介绍一些感统训练工具的使用方法及具体功效吧。居家进行随时训练的工具,我推荐孩子用得比较多的是陀螺椅,简便实用,对孩子的左右脑开发及平衡能力提升有很好的功效,而且可以装点生活。S型平衡台,可以一物多用,从平衡步道到双人摇椅再到攀爬障碍,既占用空间不大,又可以百变百搭不枯燥,具有很强的游戏性。再有,如果家中空间允许,家长可以给孩子准备一套万象组合,在训练孩子的同时也可以陪同玩,或邀请他(她)的朋友们共同玩,在改善身体的同时增进亲情和友情。在专业机构或场馆的选择上应重点考察设备设施与活动流程管理的安全性及指导人员的专业性。比如,器材材质是否符合环保要求,活动场馆安全防护及流程是否合理,指导人员是否具有相关教育背景或者专业持证资格等,这些都是家长要考量的基础情况。

现在也有很多家长会在早教机构听从指导人员建议,给孩子购买专注力训练的课程。特别是剖宫产儿,在专注力方面也的确是普遍存在一些问题的,可以通过专注力训练进行改善。孩子的专注力训练的最佳时间是 6 岁之前,入学前应该达到的最低时长为 20 分钟。这其中主要考察的是孩子对自己并不是非常喜欢的事情的专注时长,也就是注意力中的理智管理部分。我不反对家长通过购买课程服务的方式对孩子进行专注力训练,但我认为家长也需要了解和掌握专注力训练原理并与专业机构形成配合,才能真正起到提升孩子专注力的效果。给大家推荐几个简便易行且能够增进亲子互动的培养专注力的家庭小游戏。这些游戏既可以使家长孩子互换角色玩,也可以举办小比赛召集其他小朋友和家庭其他成员一起玩。比如,数字传真,家长匀速读出一组数字,孩子在听完后凭记忆默写。数字的位数根据孩子的实际情况逐步增长,到一定阶段也可在中间插入字母或者符号。既提高了训练难度,也增加游戏的趣味性。比如,多米诺骨牌或拼图,这是考验耐性与心神合一程度的有效训练。而且游戏本身变换多端,一定阶段后甚至可以鼓励孩子进行原创设计。很多人对此类游戏兴趣可以保持多年，也能够成为亲子关系中很重要的回忆，不妨试试。

另外，我觉得在早期训练中各类棋类和扑克牌类游戏，也非常值得推荐。每种棋类作用不同，对于专注力训练而言一定是玩得越早越多越好。比如跳棋对早期空间及逻辑思维开发作用明显，棋类活动又对提升专注力非常有益。至今我还记得小时候在家里与爸爸妈妈和弟弟四个人举行棋类淘汰赛的场景，这种快乐伴随一生。扑克牌的使用更是形式多样。可以玩比大小、老鼠拉车、十二点、加减乘除二十四，一直从小玩到大，到孩子小学高年级时家长就会发现，不但专注力有提升，而且四则混合运算的能力也很强。当然，最主要的当然还是一家人随时随地、随便几个人都能玩的游戏。比如，可以用词语归类或者数出一段话中的同一字的数量的游戏方式进行语言聆听的专注力训练。可以用舒尔特表格或者找茬儿游戏进行纠错训练，锻炼孩子专注力及认真程度。舒尔特表格是把错误数字或字母隐藏在一定规律的表格中的游戏；找茬儿游戏可以是关于文字、数字、字母、图形等任一方面的训练。这类游戏玩到一定阶段可以加上时间限定，从而提升专注与认真品质。比如，可以通过秘密花园涂色等游戏，对孩子进行专注训练的同时促进耐心的养成。专注力的培养时间、形式、内容都需要经过精心设计，但在其间发挥重要作用的还是家长的肯于坚持及良好心态。用游戏的心态放松应对，用训练标准设计落实，才能真正达到想要的改善效果。

进入小学、中学的孩子神经系统发育已经稳定，且存在问题也比较明显了，通常需要常年的体育运动来进行调节。

第二招：爸爸多奉献

　　　把男人的包容、宽厚示范给孩子

　　　把男人的勇敢、自信传递给孩子

　　父母双方在孩子的养育过程中都体现三个维度的性质，即互动性、可接近性和责任性。互动性，是指与孩子之间的直接交流，比如喂饭、洗澡等。可接近性，是指不直接与孩子互动，在做其他事务时孩子在身边，家长也可以随时停下手边的事情与孩子进行互动，比如在厨房做饭时把孩子带在身边，孩子游戏时家长在一旁看书陪伴等。责任性，是指为孩子直接付出的带有规划性质的行动，比如购买衣服、指导运动训练等。

　　不知大家是否还能记起 2014 年湖南卫视的《爸爸去哪儿》首播时引发的社会关注。还因此带火了一句社会流行语，叫作"丧偶式育儿"。一时间，社会开始普遍关注爸爸在孩子养育过程中的重要性。截至 2019 年以前，中国父亲作为幼儿主要抚养者的比例只有 10% 左右。《2019 年中国年轻育儿家庭用户分析报告》显示，75% 的宝妈每天带娃时间超过 8 小时，宝爸的陪伴时长主要集中在每天 1~4 小时。在之后的这两年里，因为家庭成员居家时间变长，爸爸对孩子的养育投入呈现持续上升态势，但基于相差悬殊的性别承担基础，以及不同家庭父母承担家庭经济责任的情况不同，所以从概率来讲，女性既赚钱养家，又养育儿女的情况更加普遍。经常听到一些爸爸妈妈发生冲突，细聊下发现，主要问题在于养育孩子方面付出不对等，甚至有根本性的认知冲突。有些爸爸认为自己偶尔陪孩子玩玩或者把孩子带在身边就已经很好了，很多妈妈觉得自己付出太多，爸爸的"宠物式陪伴"远远不够。在这方面,我更心疼妈妈们多一些。在这里提醒爸爸们认识到多多奉献的原因不是在于爸爸们奉献已经太多,而是与妈妈们相比还有继续提升与进步的空间。而且爸爸越早越多地参与孩子的养育,就会更好地促进亲子互动。当然,我也见到一些优秀的爸爸在养育孩子方面非常投入、非常成功的案例。历史上有梁启超九子成才,现在有郎朗爸爸辞职专心培养出国际著名钢琴家。不过这样的爸爸终归还属于少数,所以我还是想跟家长聊聊关于爸爸在子女养育特别是家庭教育中的那些事。

1.爸爸在教育中的优势

幼儿园里开始出现男教师是 20 世纪 80 年代末 90 年代初的事情。至今还记得,刚开始还引起了社会的广泛关注和舆论分化。一方面,是主张男性精力充沛、运动能力强、动手能力强、观察力学习力也很强等优势明显,对早期教育具有很大的促进作用。另一方面,则担心男性如果形象不佳、耐心细心不够,容易引起孩子反感和受委屈,更多的是女孩儿家长担心男老师带来的性别伤害。转眼过去多年,经过实践中的不断修正,现在的幼儿教育队伍中有男性教师已经不再值得大惊小怪,不需要统一思想了。因为合理利用男性的性别优势,在儿童教育中发挥作用已达成广泛共识。而且通过我多年校外教育领域的观察,发现男教师在促进孩子综合能力形成方面的作用优势确实更加明显。这也是为什么校外教育领域更欢迎男性教师的主要原因。可以说,在社会公共文化建设领域男性教师已经为家庭角色分工起到了很好的示范与榜样作用。相比于男性教师,除了专业性不具有可比性外,爸爸在孩子的养育过程中的优势更明显,只是目前我们的认知和做法未必已经达到统一而已。

下面，我列举四个方面的事例来说明一下爸爸们的优势所在。

首先，在性别确认及性别心理的建立方面。性别分为两种，男和女。性别心理却分为四种，分别是未分化、男性化、女性化、双性化。有数据显示，其实具有双性化心理的人成就最大、幸福指数最高。爸爸的优势就在于能够帮助孩子在完成性别认知的同时促进孩子的双性化性别心理形成，优化孩子的人生。关于完成性别确认的部分好理解一些。爸爸做好榜样，男孩儿自然就会长成男孩儿本来该有的样子；爸爸细心呵护，女孩儿自然知道女孩儿应该成为什么样子。性别心理就复杂一些了。未分化的多为幼儿，之前男孩儿居多。这是因为妈妈带大的男孩，女性心理特征明显，所以需要爸爸出一份力帮助孩子避免性别定位错误。当下情况发生了明显改变，双性都在发生性别心理反转。除了男孩子的性别心理偏转外，女孩子的男性化性别心理特征也日益凸显。我常常开玩笑讲，女孩子性别心理男性化的鼻祖是《还珠格格》中的小燕子，之后随着湖南卫视每年暑假的重播影响了至少两代人的性别心理认知。艺术作品往往是夸张的、放大的，放到生活中，我们还是要呼吁性别心理归位。对于已经顺利完成男性、女性性别心理建设的孩子来说，爸爸的作用是什么呢？当然是需要爸爸们"出手"帮助巩固强化及提升优化了。双性化性别心理建设，就是强化和优化。所谓"双性化性别心理"，不是心理错位，也不是简单的心理叠加，而是学会抛开眼前人的性别属性，只学习对方的行为、品质以及背后的心理特征及思维方式。在这方面爸爸的能力会强于妈妈，能够成为最好的"催化剂"。

其次，关于力量的象征与传递方面。古往今来、古今中外，英雄形象多为男性。开天辟地的盘古，追赶太阳的夸父，西天取经的师徒四人和一匹白马，能一飞冲天、力大无穷的超人，数不胜数的神话英雄与凡人英雄均来自男性角色。男性英雄可以充满智慧，可以充满力量，也可以集智慧和力量于一身，其数量和质量以绝对性优势远超过女性英雄角色。可以说，男性带给孩子的力量认知几乎可以伴随一生，孩子对父亲衰老的感知也往往来自父亲力量这一能力的衰退。爸爸的力量于女孩儿是保护，于男孩儿是榜样。因此，请爸爸们善用自己的力量。一方面可以尽情使用力量，在孩子小的时候经常可以"抛一抛""扔一扔""背一背""顶一顶"。大了一些可以陪着一起"打个球""赛个车""跑个步"。一方面，应该努力做好力量储备，平衡好自己的生活和运动，让自己年轻的状态延长一些，力量保存持久一些。现在的社会知识迭代太快，作为父母能够在知识方面引领孩子的时间在急速缩短，越来越多的家长感慨孩子尚幼而自己已经对话困难。但作为父母的力量体现，榜样却是孩子会比较羡慕以及短期无法超越的，如果父母肯用心的话，这种榜样的作用至少可以延续到孩子的青年前期。

再次，说说关于精神的推动与引领方面。男性和女性的性别特质都分别有一部分是与推动人类社会向前发展的精神力量密切相关的。特别是男性特质中的一些优秀精神力量，对孩子的精神引领至关重要。比如，勇敢与冒险。孩子成长路上总会遇到第一次走夜路、第一次自己放学回家、第一次受伤或者手术、第一次决定跟自己不再喜欢的朋友分手……此时，勇敢是孩子最好的护身符。一位女检察官，从不参加晚间聚会，原因是要接孩子放学，一直接送到孩子上大学，大学也考的是本地。她的理由我完全理解，她说作为检察官见到的青少年伤害案件太多，要好好保护自己的孩子。作为妈妈，她没有错，可是孩子却没有了自己面对很多事情的经验，以及观察市井万象的机会，最重要的是孩子被保护得太好，不再勇敢，无法学习如何自我保护、如何合理避险、如何求助别人。关于冒险，特别是适度冒险更是难能可贵。日本现在在做"冒险夏令营"的尝试教育，用自然做学校，强调"冒险不是危险，而是让孩子更安全"。比如，陪孩子徒步穿越沙漠、丛林，教孩子修缮家里的用具用品等。对于冒险来说，过程前期的学习和准备才是关键，过程后期后果的面对和处理才是重点。精神的引领犹如指引孩子人生航船航向的灯塔，关乎孩子一生的发展，需要爸爸的精神指引保驾护航。

最后，就是家长们普遍关心的智力的开发方面。心理学家加德纳（Howard Gardner）认为人有八种智力，分别是语言、音乐、逻辑数理、视觉空间、身体运动、自我认知、人际智力、自然观察。男性在逻辑数理、视觉空间、身体运动、自然观察智力方面有普遍优于女性的优势，最终体现在孩子的智力开发上，不但对孩子的上述能力具有影响，更对孩子的想象能力、创造能力形成发挥着重要作用。开发孩子智力的训练方式有很多，家长们也通常各有招法。我推荐一个爸爸妈妈可以共同协作来开发孩子智力的"招法"，那就是通过阅读进行知识迁移。现在很多家长喜欢给孩子读绘本，甚至参加绘本课程培训。其实家庭利用阅读和绘本故事进行智力开发、能力培养的优势会更大些。爸爸妈妈可以跟孩子共同选故事、讲故事，然后抽取故事中的元素画画、做手工、模仿表演，再去自然中考察或者实践，最后还可以创作再造。比如，先讲《长发妹皮皮》的故事,然后用纸、布、皮革、金属、综合材料制作袜子,了解不同材质不同含量的感觉,寻找不同用途的袜子,比如足球、宇航员、登山运动员、蛙人等,然后开脑洞想象未来世界什么材质什么袜子最受欢迎。喜欢建筑的孩子,家长可以阅读后带孩子去认识不同建筑、制作模型。喜欢音乐的孩子,可以鼓励试着自己试唱旋律、谱成曲子、填上歌词保存下来。这里所说的每件事都不指向未来孩子的职业,但都以智力开发为前提去指明孩子未来的人生。

也许,有的妈妈心里在腹诽:爸爸没能力、爸爸没时间、爸爸没耐心。我要跟妈妈们说,孩子爸爸是你替孩子选择的。一个聪明的妈妈是要懂得欣赏爸爸,必要时还能培养爸爸的。我也要跟爸爸们说,既然在孩子养育中有这么多的优势且如此重要,那么用好自己的优势培养出更出色的孩子,更好地享受亲情时光,何乐而不为? 正如教育家福禄贝尔(Friedrich Wilhelm Frobel)所说,教育之道无他,唯爱与榜样而已。

2.爸爸对剖宫产儿的疗愈

爸爸在教育中的优势对所有孩子都适用。接着还是说说爸爸对剖宫产儿的独特疗愈作用吧。

在这之前,先给大家看一下缺乏父爱综合征的具体特征:发育落后、性情孤僻、心理自卑、情绪焦虑、多愁善感、担惊受怕、自控力差、社交能力弱、学习成绩不良等。看看这些特征中是不是有很大一部分跟剖宫产儿的症状相像? 明白了吧,这就是剖宫产儿和缺少父爱的孩子一样特别需要爸爸的养育才能更好疗愈的原因。

聚焦到剖宫产儿的养育中,爸爸的力量和包容是滋养孩子安全感的重要土壤,男性的运动陪伴对于孩子感觉统合能力修复是最好的助力，男性的冒险精神对于改善孩子的胆怯是极好的良方。爸爸拿出时间和耐心，陪伴孩子修复的过程，也正是亲子关系建立的重要时期，试想一下，孩子的问题得到改善，亲子关系也牢固稳定，是不是会让家长更有成就感、更能激发信心和期待？

也许有的爸爸妈妈听到前面讲到那么多剖宫产儿的问题觉得自己和孩子都好"悲催"，不过在我看来这些孩子降生在中国，倒是孩子们的幸运。因为中国人的"家庭观"举世公认，中国妈妈们的牺牲和隐忍也是有目共睹的，如果能够有幸得到爸爸们的助力，让剖宫产儿回归他（她）本该在的人生轨道，良性发展，是指日可待的。

3.爸爸对潜在问题的把控

按照爸爸在养育孩子过程中的发挥的作用不同，爸爸可分为四种类型：担当型、无力型、逃离型、失职型。而且其中高认知、低行为的父亲育儿现象比较普遍。爸爸们也有自己的困惑和困难，我能理解。本来社会赋予男性的压力就大，男人们都需要在事业上努力打拼，此刻还要求爸爸们拿出时间、精力来教育孩子，特别是要花很长的时间来疗愈剖宫产儿，确实会有力不从心的感觉。别急，爸爸们。爸爸们只要做到"四个一"，再加上爸爸妈妈的巧妙配合，就能达到"疗效"了。即制定一个时间表、一个奖惩制度、一个线下朋友圈、一个阶段性培养目标。

在漫长的养育孩子的过程中，因为妈妈们付出较多，所以妈妈们也就自然觉得拥有了话语权。从长远来看，因此而埋下的隐患往往会影响亲子关系，甚至夫妻关系。因此，聪明的爸爸要学会参与家庭教育的顶层设计和充分利用现代科技手段进行合理管控。

一个时间表——这是给爸爸自己定的，更是给亲子互动定的表格。爸爸每周最少拿出两个晚上，一晚陪着孩子玩玩具、读书、做游戏。一晚陪着孩子做运动。每次时间需要在两个小时以上。时间要尽量固定，一旦缺了要记得补上。如果可以多安排当然更好，多出了的时间可以作为奖励或者提出一些限制性要求，从而增强趣味性和新鲜感，以达到更好的互动效果。如果可以，一周带孩子出游一次，融入社会、融入自然。

一个奖惩制度——这是在协商的基础上为孩子量身定制的。现在的孩子普遍比较聪明，知识、信息量和见识也比较多。即便如此，孩子始终是孩子，自律意识和自律能力是需要训练的。因此，爸爸要帮助全家人统一认识，还要帮助妈妈建立一个可以复制、可以执行的奖惩制度。当然，这个制度是有所侧重的，主要侧重于奖励，毕竟无论大小，每个人都喜欢被表扬呀。三岁以内的孩子奖惩明确，内容方式家长确定，态度不要太严厉，但原则必须要坚持。三岁到小学的孩子完全可以引导其参与奖惩方案的制定，因为自己认可的事情做起来更容易坚持和有责任感。中学以上的孩子家长要淡化奖惩概念，要奖励就多用惊喜，要惩罚就多用聊天反思做出改进约定。

一个线下朋友圈——这是帮孩子做的，也是替自己做的。这件事做得越早越好。数据分析显示，社会转型期之后，伙伴对孩子的影响远远超过家长、老师的影响。这一点我在不同场合、不同专题中都有所强调，也确实因为我觉得这是非常重要的一部分，希望能够引起家长们的注意。聪明的爸爸完全可以协助或者有意识地帮助孩子和妈妈建立一个甚至几个稳定的朋友圈，让相对稳定的聚会、陪伴吸引他们的注意力。爸爸需要做好的就是建立圈层、接送服务、分享信息、共有快乐。

一个阶段性培养目标——这是为孩子制定但家长需要非常明确，孩子只需要了解必须知道的部分即可的目标。孩子的培养从来不可能是一蹴而就的，而是犹如登山逐步向上，登上最高峰之前有可能要先登上几个错落的小丘，也有可能时而向上、时而折返。在整个教育过程中，阶段性目标的选择和确定显得十分必要而且重要。目标阶段如果按照年龄划分，可以按照 3 岁、6 岁、8 岁、12 岁、18 岁、22 岁进行。为什么要划分到 22 岁呢？这与目前我国的孩子成年期普遍延后有关，这个问题将在后面的专题中讲到。目标阶段还可以有外在划分和内在划分。外在划分，可以按照身高、体重、性格、气质等不同方面的特点进行培养。内在划分，可以按照习惯、能力、特长、思维方式、社交、规划与管理等能力培养进行。

第三招：坚持多运动

至少一项个人爱好运动

至少一项家庭共同爱好项目

1.运动对剖宫产儿的改变

适当、科学的运动是对每个人的发育、发展都有好处的，对人的生理影响包括强健骨骼、增强和协调肌肉、提高心脏和血管机能、完善呼吸与消化系统；对人的心理影响包括产生最优化的心理状态、缓解紧张情绪、增强自我控制能力、形成独立人格与个性、保持自信心和抗压性。我认为，这是一个大家普遍认可的常识。我的一位学者朋友经常用"龟寿理论"调侃"生命在于静止"其实也并不是否定运动对人的重要作用，而只是为自己的身体懒惰找点儿借口而已。但 2019 年残运会的经历让我深刻理解了"知易行难"的含义。

2019 年，全国第十届残运会暨第七届特奥会在天津举办。我作为主要策划与实施人，创意并组织实施了火炬传递环节的"小小护跑手选拔"活动。8 到 15 周岁的天津青少年共有近两万人参与其中。为了契合大型综合性运动会的要求，选拔的第一环节就是孩子的身高体重比例要符合《国家学生体质健康标准》量表中对应的年龄数值要求。为了应对进入第二环节人员过多的情况，对下一轮体能测试场地进行了几种备案，结果让人大跌眼镜，比例合格率不足 50%。接下来第二环节是孩子的体能检测。在之前的策划会上，我们曾经争执过很久，因为如果严格按照国家检测标准，13 岁以上的中学组男生需要测试引体向上，但这个项目的难度较大，及格率很低，所以我们只能遵照现实安排了替代项目，又乐观地以为过高的满分率会让最后的选拔延长。测试完成，成绩更是让人唏嘘，得满分的孩子不足报名人数的 1%。我们只好按照排名向下扩充。之后我开始向组委会领导进行多次反馈，也陷入了深深的思考。跟大家分享这件事情，是希望家长们能够真正重视起孩子的运动习惯培养，能够把亲子互动的时间安排一些出来给运动。

基于对目前孩子们普遍身体状况的关注，特别是对剖宫产儿的熟悉与关心，当再来聚焦体育运动对剖宫产儿的意义时，我想大家应该已经对我的心情不言而喻了。希望家长们能够行动起来为孩子切实做些什么。

2.家庭运动爱好的意义

请以爸爸为主导，选择一两项可以由家庭共同参与的运动项目，可以根据家庭成员的实际情况进行安排选择。选择项目的前提当然是绝大多数家庭成员喜欢或者可以接受。选择项目原则主要有三点，一是尽量不受人数限制,或两人三人或三家五家均可。二是尽量不要受年龄限制,可以从小玩到大、从大玩到老的均可。三是尽量考虑好运动安全问题,选择风险低、好操控的项目。身边很多家庭保持很好的周末运动习惯,比如,徒步、跑步、登山、乒乓球、羽毛球、网球,等等。

这样做的好处不只在于锻炼身体,更不只为了眼前的利益。当有一天孩子长大独自远行、当有一天父母或者孩子的婚姻走进疲劳、当有一天家人间出现争执分歧,你会发现家人间共同运动的习惯和其间产生的情感依赖,具有很强的连接凝固作用。你可能也会想起今天我说过的话,家人共同运动的习惯的确对化解危机、筑牢亲情与爱情有帮助。

3.再推荐几个运动项目

从大的方面来说,运动对人的生理健康、心理健康、人际交往都会产生直接的影响。就生理健康方面来说,运动对人的运动系统、心脏血管系统、呼吸系统、神经系统会产生明显影响。就心理健康方面来说,运动可以调节人的紧张情绪、缓解心理压力、降低焦虑指数,培养勇敢、果断等意志品质。就人际交往来说,运动可以提升个体的社会适应性,促进与他人之间的情感交流,增加社交话题与媒介。运动能够增进亲子关系的原因也就在此。试想一下,对青春期的孩子来说,接受家长的指导,是郑重其事地谈论问题,还是共同晨跑之后做修复运动时随便聊上几句更容易?答案显而易见。因此,我始终提倡不论是不是剖宫产儿,不论是孩子还是成人,都应该终身养成运动兴趣和运动习惯。

接下来,我们回到孩子自身运动的话题上来吧。作为个体,孩子可以进行的运动项目就非常多了。除了前面提到的游泳外,再推荐给孩子们几个非常好的可以促进成长发育的运动项目,特别是推荐给剖宫产的孩子几个可以改善感觉统合协调能力的运动项目,比如轮滑、跳绳、滑板、骑马、蹦床、溜冰、棋牌。这些项目有动有静,有平衡、有协调、有专注,相互兼顾、相互作用,而且大小通用。随着年龄的增长以及训练时间的增加,广泛的兴趣爱好不但会使孩子越来越受益,而且还可以激发很多不可预见的潜能。

只是每项运动在选择和训练时除了兼顾孩子的兴趣因材施教以外,一定要注意针对孩子的不同情况量力而行。胆小、情绪化、挑食的坚持游泳、骑马。注意力不集中、动作协调性差的坚持轮滑、滑板。语言迟缓、阅读困难的坚持蹦床、跳绳。脾气急躁、多动不安的坚持溜冰、棋牌。轮滑是我推荐的综合训练效果比较好的一个项目,对于平衡、胆量、专注、反应速度训练均非常有效。在孩子进行运动的过程中,很多家长反馈最难的不是选择问题,而是坚持问题。纵使是孩子自己喜欢的项目,可能也坚持不了多久。解决这个问题只有两个办法,一是通过奖励机制鼓励坚持,二是家长陪伴运动共同进行坚持。

第四招:扩大舒适圈

给孩子向舒适圈外尝试的勇气

给孩子试错和扩大舒适边界的机会

舒适是一个人在不同环境下的自在程度,舒适圈是人们为了自在而进行的自我行为范围的限制。关于舒适圈的"破"与"立"的问题,社会学、教育学、心理学等不同学科从不同层面展开了论述。个人主张因为孩子的适应性非常强,所以可以帮助孩子用扩大舒适圈边界的办法,去不断突破、不断成长。

1.细心观察孩子的自我舒适边界

任何一个生命个体，从有意识的那天开始就有了自己的舒适圈。这个舒适圈在不断调整中也不断稳定与加固。舒适圈本身无所谓好坏，但因为舒适圈边界所引发的行为习惯却会分别导向不同的结果。有一些是确实会存在问题的。就像怕打针的孩子去医院会哭闹，常被老师批评的孩子总想找理由不去学校，喜欢玩游戏的孩子一定喜欢宅在家里，诸如此类。我曾经接待过一位母亲，女儿上二年级，从一年级下学期开始孩子隔三岔五早上总喊"肚子疼"，去过几次医院没查出实质问题，在家里喝喝热水、睡会、玩会到晚上也就好了。妈妈怕孩子得了重病，一筹莫展。我陪孩子玩游戏聊天，发现孩子很不喜欢她的班主任，因为班主任总是大声批评同学，她觉得害怕。再仔细追问，发现女孩是剖宫产儿，从小胆子就小，家里人怕吓到她，拖鞋都用软底的，说话声音也都不大。班级生活冲击着孩子的舒适圈，孩子感觉到紧张与不适，从而引发了上述问题。

人的认知世界是由三个圈层构成的，最里面的是舒适圈、中间的是学习圈、最外面的是恐慌圈。人的舒适圈越大，人的行为张力越强，人也就越自信，反过来，舒适圈越小、人的行为半径越小，人也就越不自信。刚才故事中的女孩，她的家肯定在她的舒适圈中，而学校应该就在她的恐慌圈中了。或者说她的家庭行为模式在她的舒适圈中，而学校的行为模式就在她的恐慌圈中了。我们要做的就是找到原因，调整行为模式，形成正向关联，扩大舒适范围。我建议妈妈做两件事，一是跟孩子做游戏，如果一个星期全勤，那么奖励下一周可以请假一天，但要说实话是不是真的肚子疼；如果放弃请假，就满足一次她的心愿。然后我让妈妈去见了一次老师,请求老师为了锻炼孩子胆量,给孩子安排一个值日小组长之类的工作,请老师一定要在一周内表扬孩子一到两次,约定时间为一个月。

孩子的特性不同,舒适圈的范围就不同。只要有舒适圈,就一定有边界存在。我经常说中国人很有意思,喜欢越界别人的事,又不喜欢被别人越界自己的事。这里的"界"就包括舒适圈的边界。我们每个人都很需要慢下来、沉下来好好想清楚自己的舒适圈如何,自己的边界在哪里。我们每一个做父母的也需要好好观察自己的孩子,找到他(她)的舒适圈,特别是舒适圈的边界,看看他的舒适圈对于他的成长会是助力比较多,还是阻碍比较多。

2.把孩子推出他(她)的舒适圈

前面讲过,舒适圈外是学习圈,将舒适圈扩大到学习圈,原来的恐慌圈就不再令人恐慌,而新的未知领域则成为新的恐慌圈。人的舒适圈就是这么不断扩大的。人就是在不断学习并且不断舒适过程中体验成就感,获取自我认同和自我价值的。对于剖宫产的孩子来说,舒适圈与生俱来被缩小了范围、被加高了壁垒。因此,他(她)们走出舒适圈的难度会更大一些,所以需要给予的助力就要大一些、持久一些。

有人也许觉得走出舒适圈的说法是毒鸡汤,因为现在有很多人觉得人生何必奋斗,何必在痛苦中成长,"我躺赢我快乐"的思想在当下社会的年轻人中似乎很有市场,这个话题我会在青春期专题中跟大家专门分享。在这里我要表达的观点是,首先我赞成人要不断突破自我,不断成长。特别是对绝大多数剖宫产的孩子来说,他(她)先天就被剥夺了"躺赢"的资格,如同被上了"紧箍咒"的孙悟空,命运控制之下纵使是强者也会无可奈何。因此,先扩大他们现有的舒适圈,让他们回到未被限制之前的状态其实也只是完成了最基本的突破。只是这种"推送"一定要注意方法,可以"利诱",不能"威逼"。整个过程需要的"必需品"是家长的陪伴、耐心与鼓励。这个过程处理得好,还能增进亲子感情、促进亲子互动。

送给大家一个能够扩大舒适圈的方法,那就是帮助孩子建立"管理清单"。当然,首先,记得要给清单和孩子起一个他(她)喜欢的名字,把表格做一下美化装饰,最好张贴上墙。其次,记得约定好奖惩办法,奖要能激发孩子的兴趣,惩要切实,能执行。令很多家长头疼的可能就是奖惩不能落实的问题,记得要提前跟孩子约定好,一旦中途毁约,就要惩罚。接下来是做好内容设计。清单分为两色,一色是自己舒服喜欢干,但没什么意义的事情,比如玩手机、打游戏、喝饮料、睡懒觉。另外一色是应该要做的事情,比如40分钟完成作业、运动、阅读等。每色内容数量以实际情况为准不必一致。同样,制作出的内容清单至少要有一个月的使用量,每天一张,用来做全天总结。做到必须做的划"√",没做或者出现不应该做的划"×"。持续一个月,视改善情况兑现约定奖励。第二个月重新制作清单,再进行新的一轮改善。如果能够持续半年以上,不只是对孩子,包括对家长的自我管理也会是非常有效的。大家不妨试试。只是要注意一点,不要因为关注行为习惯与心理健康改善而忽略了其间的亲子关系。融洽的亲子关系是一切措施得以顺畅推进的最有力保障。

3.鼓励孩子试错

无论是不是剖宫产儿,孩子的成长过程一定会伴随着不断试错的过程，只是剖官产儿更是如此。所有的试错，关联的一定是学习和创新。小的时候可能是孩子自理过程中出现问题，比如自己吃饭吃到满身都是，自己穿衣穿鞋，要么反着要么错着。如果在家还好些，如果在社交场合，很多家长都会为了面子好看，要么教训孩子，要么干脆代劳了。到了大一些的时候就是要面对学习中出现的问题了。我认识一对做快餐店的小夫妻，有一个上小学二年级的男孩，为了方便，他们经常带在店里给孩子辅导功课。男孩做题太慢而且马虎，总被教训。有时，爸妈也觉得人前不好看，干脆直接替孩子读题，替孩子说解题思路。这么一来，孩子就被束缚和控制，没了试错的机会，也就少了舒适圈扩大的机会。再大一些，可能会出现职业规划路径选择问题、伴侣选择问题。我的儿子在美国读书，高中毕业时申请大学，最后被匹兹堡大学和雪城大学同时录取。匹兹堡大学提供每年 3000 美金的奖学金，雪城大学要按照预科录取之后进入文理学院，可以根据自己的情况申请转学院，也可以读完文理学院。一般人都会选择匹兹堡大学，但他坚持选择了雪城大学。我和先生要跟很多关心孩子学业的朋友很没面子地说孩子上了预科。

　　我想跟大家说，其实跟孩子的成长相比，我们的面子没那么重要。跟孩子漫长的一生相比，我们一时的面子更没那么重要。因此，请各位家长放下自己的面子，陪伴并且鼓励孩子大胆试错，对于剖官产儿的家长来说更是如此。他们需要解决的问题更多，他们需要的机会和时间可能也会更多。"输得起的孩子才能赢到最后"，敢试错的孩子、能够学习承担错误后果的孩子、能够从试错中找到正确方法与方案的孩子才是勇敢、自信、有成就感体验的孩子，所以他们往往最终的结果不会差。

前段时间流行一句话:"孩子的时间有限,不能拿来试错。"似乎很是迎合一些期望孩子尽快成功的家长的心情。其实,试错不等于散养、无原则、无方法。而且上进心和偏执狂也是有着本质区别的。

孩子的敢于试错,其实是需要爸爸妈妈小心"设局",精心"计算"的。所谓"错"分为两种,一种是家长已知是错,但孩子不知。如果试错的代价和成本是孩子可以承受的,那就要让孩子试一下。比如前面提到作业总出错的男孩,爸爸妈妈如果跟他做比赛或者故意装没读懂,让孩子给自己讲题意,孩子的审题就会认真很多。如果家长教孩子验算方法,让孩子试着自己找错误,找出来马上表扬,会不会效果好很多呢?"错"还有一种是没有人知道走向和结果的试错,家长需要陪伴孩子与孩子共同学习、规划、调整。比如,再说说我儿子进雪城大学预科之后的事情。我们陪他设定目标专业、了解转院条件和时间要求,进行课程布局。全程由他掌控和决定,我们倾听和鼓励。进入预科之后,他用了一年时间以全优的成绩进入文理学院,再用了一年时间以全优成绩进入纽豪斯学院,这个学院是雪城大学的立校之本,专业全美排名前五、世界排名前一百。

第五招:适当补短板

尽早并且持续向短板发力

因地制宜因人而异讲方法

一个人的舒适区建立与其自身的长板、短板关联密切,特别是与短板关联尤为密切。因此,一个人要不断地实现自我突破,要扩大舒适圈,扩大舒适圈的另外一种方法就是找出自身短板并进行提升。那我们先从查找短板开始说起。

1.反向思维帮孩子找短板

说到短板,很多人脑子里马上浮现出的就是一只木桶,一只因为木板短缺而不停流水的桶。有相当长一段时间"木桶效应"的故事深入人心。之后也有人出来批判,认为人生而不完美,不必要求补足短板。也有人列举了很多名人作为范例,比如福尔摩斯。于是又有了新木桶理论。那么新老木桶理论我们该如何看待呢?

首先,我们的讨论是有具体语境和具体对象的。在孩子的成长过程中,特别是在剖宫产儿的成长过程中,他们因为先天被动改变而造成的自身短板已经是客观存在的,而且相对统一又鲜明,所以一定不容忽视。

其次,我从来不认为我们的人生就是木桶,我们的能量就是流水,我们的所有都只像木板拼接一样,那么简单、那么绝对。每个人的长处和短板之间的关系可能是相互无干、相辅相成、此消彼长的。因此,我认为短板不必全部改变,只需挑出其中限制长板发展的短板进行改善与提升就可以了。比如,我身边有很多艺术家朋友,他们大多艺术造诣很深,但生活自理能力很差,我觉得艺术创作是需要灵性的,而过于琐碎的事务可能会分散他们的精力,破坏他们的灵性,可以不用改进。但有的孩子就不然了,明明在台下唱歌、跳舞很好,平常做练习总是得高分,却因为太缺乏自信,考试紧张、人前害怕,白白丢掉了很多机会。这样直接制约长板发展和发挥的短板,应该需要改进。因此,家长们可以先把孩子的短板摆出来,把关键短板挑出来,不关键的部分先放下,有选择地进行改善,这是我给出的建议。

那么对于剖宫产儿来说哪些短板是必须改善的呢? 我认为至少包括胆小、多动、不自信、运动协调性差、注意力不够集中等。

2.发散思维塑造千人千面

也许是因为自己多年分别从事校内教育、校外教育、社会教育的缘故,我有更多的机会从不同的维度去看待教育。家庭教育、社会教育、学校教育这三种教育中的每一种类型都在自己的范畴内努力做着因材施教的素质教育。纵使如此,每一种教育也还都存在自己的特性与必然的局限性,这是不应该回避的问题。学校更像一间有现代化流水线的工厂,擅长把产品进行标准化生产。比如造纸,一批纸张生产出来一定是整齐码放,如果出现参差不齐的情况,通常的做法是要么齐回来要么裁下去。社会教育更像一个具有加工能力,但也需要自然筛选的工坊,擅长在提供同等机会的同时,优胜劣汰。比如制陶,用同一批泥胎进行选色、烧制、添加材料,最终不同工匠的不同手法,以及相同手法的不同结果呈现在作品上,其差异一目了然。家庭教育更像私人定制服务,完全按照需求、喜好与能力实施。比如服装定制,以个体身材特质为基础量体裁衣、按照需求与喜好进行设计。家庭是最适合保护个性的地方。只是很多爸爸妈妈容易搞混,家里的问题还没解决好就忙着解决学校教育、社会教育需要解决的问题了。因此,如何发挥好不同形式教育的作用,以及如何在使用不同教育形式的时候趋利避害是家长们需要思考的。

在进行很多讲座、沙龙、咨询的时候,我喜欢玩互动游戏。比如,一张 A4 纸,当按照指令任意折叠 5 次以后随意撕下一部分,然后打开纸,会发现人人不同、次次不同。比如,我会玩生命密码计算,让每个人找到属于自己的生命数字。有人也许会说,这是迷信。不是,这只是我帮助大家思考的道具。生命密码不同,带给我们的反思是:因为种子不同,所以生长成不同的样子是极为正常的事情,人也如此,人生而不同且没有重复,所以注定了培养方式也应该千差万别。折纸游戏带给我们的反思是:不同的人理解与行为必定不同,相同的人在不同情况下也会有不同的呈现。

剖宫产儿不是学校和社会人群的全部,目前的教育体系中也没有专门加入对各种不同症候的孩子的不同教育方法,老师没有精力也没有能力去解决全部孩子的全部问题。因此,分析好自己孩子的特点和需求,给自己孩子"量体裁衣"一套专属教育方案,让孩子长成自己喜欢的和本来该有的样子,这是家长的责任,与别人无关。

3.不同阶段侧重与方法不同

在孩子的养育计划,特别是剖宫产儿的养育计划中,除了一生都要进行体育运动的疗愈之外,还要注意在不同阶段,用不同方法有所侧重地解决不同问题。

前面我们提到过,孩子的成长要分阶段在每个阶段里设定一个目标。为了达到这个目标,还可以再向下细化几个小目标。因为每个孩子都具有唯一性,所以每个孩子的每一个小的阶段目标应该是不一样的。而且在不同阶段,如果要达到同样的目标,所使用的方法也应该是不一样的。比如,经常有家长问我,孩子不爱跟人说话怎么办?我一般会首先明确是内向不爱说,还是胆小不敢说。内向是特点不是缺点,如果是因为胆子太小不敢说,那就需要有意识地进行训练矫正了。这里有三岁左右的宝宝,也有上了高中的孩子,大多数是小学低年级和初中二年级的孩子。之所以这两个年龄段的孩子集中体现此问题,其实是因为家长在这两个阶段比较关心孩子的身心发育均衡问题,在其他阶段家长更关心学业、特长培养方面的问题。"吐槽"完家长的趋利我们言归正传,回到同一问题的不同处理方法上来。同一问题在不同阶段的成因是不同的。两三岁的宝宝多半是由于遗传、发育过慢或者扶养人给予过于及时导致孩子不需要表达。解决方案是所有家人约定好的,孩子有任何需求,必须通过语言沟通获得帮助,一下说不清说不全的,家长帮助宝宝补充,循序渐进。小学低年级的孩子不爱说话,多半是由于胆小、腼腆,或其生长环境中老师或家长的性格比较强势,男孩子可能会伴随童年口吃问题。解决方案是短板训练。1987年版电视剧《红楼梦》中林黛玉的扮演者陈晓旭小时候非常腼腆,极不爱讲话。她曾经回忆,爸爸为了训练她讲话,把她带到马路边,要求她大声背诵诗词。一位互联网公司的技术总监,小时候因为口吃不爱讲话,妈妈为了激励他,暑假批发雪糕让他沿街叫卖。他们两个都提到自己曾经急哭过,但也都在成年后感谢了那段难忘的日子。短板训练一定要有计划、多鼓励。初二的孩子不爱说话,可能与青春期发育有关,观察和调查一下,如果和同学、朋友关系正常,只是不爱和家长讲话,属于相对正常的表现。解决方案是家长多安排一些能跟孩子一起活动的项目,比如旅行、看演唱会之类,寻找共同话题即可。初二以上,尤其是高中的孩子如果变得突然沉默而且表现异常,多半与挫折有关,比如学业、社交、情感。解决方案是寻求专业心理及教育咨询支持,找出根源,制订对策。

在 7 岁以前,重点解决习惯养成与情感依恋,12 岁以前重点解决问题矫正与习惯坚持,18岁以前完成自我管理能力形成与良性亲子互动,22岁左右完成全部养育任务,跟孩子成为朋友相互陪伴。

第六招:努力增长板

长板越长,人生越出彩

长板越多,人生越精彩

毋庸置疑,一个人的人生能够走多远,最终是由个体的长板与短板的结合情况所决定的,而其中起最关键作用的还是长板。因此,在补齐短板提升整体素质与能力的同时,最终还是要巩固长板、拉伸长板。对于孩子来讲,如何寻找、确定和巩固、发展长板,明显能力不足,所以需要家长的支持与帮助。很多人喜欢用郎朗举例子,说如果自己有一个郎朗那样的父亲,自己也有可能成就一番大事业。其实未必,因为郎朗的父亲如此培养孩子也不是心血来潮,而是发现郎朗的天赋的确超出身边的孩子,参加各种比赛的成绩也明显好于周边学琴的孩子,是郎朗的快速成长让爸爸看到了孩子人生的长板,所以才有了后面的培养以及成果。不是每个孩子拥有了朗爸就能成为郎朗的。

特别是对于剖宫产儿来讲,其问题与优点杂糅在一起,或者有些优点需要细心体会才能发现,这就更需要家长能够拨开云雾,理清长短板,为孩子引导方向。

1.成就累计提升自信与勇气

前面我们已经了解了剖宫产儿相比通过产道正常出生的孩子更加胆小、不自信,所以剖宫产儿在成长过程中需要更多成就体验来促进其良好发展。人的成就一方面来源于自身优势,另一方面则需要源源不断的自信和勇气。自信多了勇气自然足,勇气足了自信自然更多,这二者相辅相成。同样,这二者与成功体验之间也是相互依存的关系。无论孩子还是成人,其提升自信和勇气的最佳途径,无疑都是持续的成功体验。反之,持续的成功体验也会给人带来更大的自信与勇气,自然也就有了更多或者更大的成功的可能。

成功体验引发成就感,成就感来自事前鼓励和事后肯定,更来自事实结果本身。如果事实结果是正向的,再加上孩子喜欢的鼓励方式,一定能够加速其自信与勇气的提升。如果事实结果是反向的,那么鼓励只能起到些许保护作用,不能提升自信和勇气。说到这里,家长应该能够明白为什么鼓励孩子多年,孩子还是胆小、容易妥协或放弃,那是因为孩子没有看到自己心目中期许的正向结果。那么家长们应该怎么做呢?首先当然是需要充分重视孩子成就感的养成这件事。

有些事情,在大人看来无所谓,而孩子却成就感十足,这样的事件就要好好利用。比如,一个两岁的小朋友,能够自己把桌子、板凳、玩具叠高达四层以上。比如,一个十来岁的小朋友在舞蹈领域获奖众多,而且得到专业老师的认可。比如,一个十六岁的孩子寄宿在异国家庭,拒绝吸食大麻而且赢得对方尊重。其次,就是没有事件也要创造事件强化孩子的成功体验。在我儿子小学二年级的时候,面对的是跟大家一样的孩子的写作能力训练的问题。我抓住一次法国学生来华交流的机会,邀请部分代表到家中做客。然后鼓励孩子把整个过程写成日记,之后我们反复修改了两次,在上交作业的同时投寄给报社、杂志社,最终发表并被选为全区范文。此后数年,我们再没为他的写作操过心。

最后,就是要充分利用好孩子觉得有成就感的事情进行表扬鼓励,需要注意的是要鼓励得言之有物、鼓励得客观恰当。前期的鼓励尽量留有余地,以免形成不必要的压力。之后的鼓励要言之有物,要注意技巧。建议对于进入青春期前期的大孩子,成年人要面对面肯定并且指出其中最成功和最值得改进的地方。小一点的孩子除了直接肯定,还很喜欢让其他人知道,但为了不使孩子虚荣和骄傲,可以采用大人之间聊天让孩子听到的"背后表扬"方式。

2.避短就长助力精彩成长

关于"木桶理论"前面我们聊了不少,而且所谓补短板也只是自己跟自己比较而言,不可能用自己的短板比别人的长板。就这个问题,有朋友和我专门讨论过,他举了一个邓亚萍的例子,说她小个子就是短板,一样战胜身高有优势的运动员取得多次世界冠军。我说不然,邓亚萍的技术水平弥补了一定的身高短板,最主要的是其遗传的运动基因和过人的意志品质的长板发挥了至关重要的作用。因此,人再怎么补短也一定还是有相对的长短板存在的。因此,在"短板效应"之后,也有人提出人生高度是由长板决定的。无论是短板限制说还是长板发展说,我的建议是每个人都有短板存在,这种存在是合理的,如果短板制约长板发展那就必须矫正,比如知行不统一,比如懒惰。如果不是的话,那么完全可以当补就补、能补才补。比如有的人在做家务以及事务性劳动方面懒惰,但在创意以及文字方面非常勤奋,同样也属于可补可不补的部分。在这种情况下,家长把更多的精力放在扬长上就好。有幸认识一些在国内乃至国际艺术领域建树颇丰的艺术家,其实他们大多也呈现出与李诞相似的一些共性特点:自恋程度比较高、生活能力比较差、不喜欢琐碎事务、对于自己热爱的领域专注度很高。说起来,他们能够取得很好的成就,还应该感谢他们的父母,当初没有用短板必补的思想教育他们，为他们保留了灵动性和创造力发展的内驱力。我也曾研究过少年成名的才女蒋方舟，她七岁写书、九岁出书，2008年被清华大学破格录取，2012年出任《新周刊》副主编。当年一书成名的她，曾因以童年的视角关注"性"事而备受关注。而且她至今也因"性"观念相对开放而引发争议。从少年开始就跻身大儒世界的蒋方舟曾自曝自己属于"讨好型人格"，我觉得她的自我认知是清晰准确的。也相信她的家长一定在她的成长路上"避短扬长"了。

在孩子的成长过程中要真正做到"避短扬长"，爸爸妈妈需要做到五点：第一，细心观察。找到属于孩子自身而且孩子有持久兴趣的长板。对于剖宫产的孩子来说，还需要把长短板都找出来，分析一下相互间的关系。第二，细心呵护。每个人的优势长板"材质"不同，有的人的优势长板韧性很强非常抗击打，有的人的优势长板就非常脆弱柔软需要悉心呵护。无论质地如何，在发展过程中，特别是在优势初显期要少打击多鼓励。第三，部署规划。花心思、用资源、搭平台帮孩子做好长短结合的布局规划。必须增强长板，弥补必须弥补的短板，让长短板之间不会相互影响。第四，懂得调整。每个人的长板都未必只有一个，阶段性目标转移或者规划调整在所难免。找好调整时间及调整方式，循序渐进。第五，尊重选择。培养孩子的自信、发展孩子的长板最终是希望孩子能够掌控自己的命运。既然孩子的人生最终需要孩子自己掌控，那么爸爸妈妈就要懂得尊重孩子的选择，适时逐步放手。

3.宽度与高度结合增优势

创新专家弗朗斯·约翰松（Frans Johansson）曾在《美第奇效应》中提到，当不同领域发生交叉时，优势和观念之间产生相互碰撞、融汇，往往能获得 1+1>2 的效果。全国职业调查显示，有七成的人五年内有意向进行跨界变动工作。调查数据显示，一个人在一个专业领域做到前 25%，在另外一个领域再做到前 25%，两者交叉作用，此人必是高端人才或者社会名流。做过媒体人又擅长演讲并在中国掀起一轮网络知识付费热潮的罗振宇也曾在深圳的跨年演讲中举过这个例子。

因为跨界融合，已经有许多新型产业、新型行业此起彼伏地出现、迭代，比如直播平台、影视特效、手游、智能家居等。跨界融合拓宽了很多人的从业领域，比如网络主播、社群运营、明星人脸授权等。一个小友，主修音乐教育、辅修心理学，现在把艺术疗愈做得风生水起。一个老友，擅长农业、热爱公益，把众筹有机农场做到被中央领导关注。越来越多的年轻人意识到跨界发展的优势，开始有意识地进行跨界知识架构与个人发展规划，许多年轻小友开始喜欢用"斜杠青年"自居。这样的观念和发展模式将成为未来相当长时期的人才培养主流模式，所以需要家长们早点意识到并早点开始着手。

因为未来总有太多的选择和不可预知性，所以明智的爸爸妈妈需要做的就是放开眼界与格局，让长板恒长成就孩子的人生高度，让跨界发展成就孩子的宽度，最终实现宽度与高度的有机融合，辅助孩子成就自我价值。剖宫产儿尤其需要这样的培养和机会，以弥补其被动改变的命运可能带来的一些缺憾。在这个过程中，爸爸妈妈需要做到以下三点：第一，长板是要长线养成的，不要短视。长板中有事业更有人生，要耐下性子慢慢养、长久养，甚至要多多养。第二，跨界实验要趁早，但定型不要着急，甚至可以尽量晚一些。换言之，鼓励和培养孩子从小养成思维交叉能力是重要的，何时完成跨界发展则要安心交给未来。依赖大人的有限经验过早强势定义和限制,反而会禁锢孩子的长远发展。第三,最好从小学开始就有意识地进行目标教育,让孩子有自我设计能力。这就是教育学一直倡导的"授人以鱼不如授人以渔"。关于目标教育,我在很多场合多次提到,这里重点想说的是目标教育开始的时间问题。

这部分的交流,我们虽从剖宫产儿来说,但其中一些理念与方法对其他难产儿、早产儿和正常出生有着同样问题的孩子也具有普遍适用意义。有了第一胎剖宫产儿的辛苦养育和学习实践,迎接第二胎剖宫产儿来临的时候,妈妈们的心态通常会从容很多,再加上经验丰富了很多,所以通常会感觉第二胎往往会比第一胎发育更均衡,也好带得多。我无意放大剖宫产儿的养育问题,只是希望能够提示各位爸爸妈妈能够正视特殊生产方式孩子的发育问题,能够心无困扰,坦然接受,同时心有章法从容应对。这对家庭亲子关系的调节也具有非常重要的作用。

网友：为什么孩子总不愿考虑父母的感受？

我：可能有两个方面的原因。一个原因是孩子觉得父母也没有考虑过自己的感受，孩子的感受被压抑但父母的要求与逻辑又不被孩子认同。另一个原因就是孩子从父母身上没有学习和模仿到如何考虑别人的感受，父母榜样的作用没有发挥到位。

网友：父母应该把自己未完成的心愿寄托在儿女身上吗？

我：从人类传承的角度，尤其是中国人的文化属性角度来看，我非常理解这种心愿寄托的动机与做法。也确实有很多父母将自己的心愿与孩子的培养结合得很好，试想如果没有郎平父亲对体育的痴迷，哪里会有郎平体育生涯的起步；如果没有郎朗父亲对于音乐的热爱，怎么会有培养与陪伴郎朗的动力。如果确实能够通过家长的引导使孩子能够认同父母的志向与追求，进而成为志同道合的人那自然是最好不过，但这通常应该体现在理想、信仰的一致方面，而非职业、学历、名利的追求方面。从人的生长规律来看，纵使把自己未完成的心愿寄托在孩子身上，通常而言实现的概率也不是很高，因为孩子个体的独特性决定了孩子应该具有的成长轨迹和特质，此外自己未完成的通常是自己有所欠缺的，这样的生命基因遗传下的孩子也未必在这方面不会欠缺，比如艺术天赋。而且这样的心愿寄托大体会在一定阶段引发亲子矛盾甚至亲子冲突，不如尊重本来、顺其自然更好些。

第五讲　青春期亲子关系让你头疼吗？

　　我经常碰到这样一些家长,孩子进入小学高年级或者已经升入中学,家长本身明确知道孩子即将或者已经步入青春期,也有一颗满满是爱的心准备面对青春期亲子关系的挑战,但在实际生活中发现跟孩子还是会摩擦不断,甚至距离越来越远。很多家长感觉孩子问题越来越多,双方沟通也越来越难。所以,每当我说要跟家长们交流一下青春期孩子的教养以及青春期亲子关系问题的时候,我看到的都是一双双满是期待的眼睛。现在的家长们确实很不容易,在快速向前的时代洪流中不断提升自己来适应转型就已经很辛苦,还要应对孩子快速成长带来的各种全新问题,特别是青春期的孩子们的问题。青春期是孩子思维模式的分水岭,青春期及以前的孩子思维模式相对单一,所以我们经常说越不让孩子做什么他越是去做。也许不是他不听话,他执拗,而是因为我们这些师长使用的方法不恰当,是我们忽视了利用良好的亲子关系去解决孩子面对的问题。因此,接下来的部分我们花点时间专门聊一下青春期的孩子,聊一下青春期教育和青春期亲子关系。别急,我们慢慢聊、细细说,看能不能对大家有所帮助。

即将进入青春期和已经进入青春期的孩子出现了什么样的问题会让家长感觉到困扰乃至无助呢？可能是孩子开始沉默少言了,明明跟同学可以聊得眉飞色舞，可回答家长的却通常只有 "嗯""啊""好""是"；可能是孩子开始喜欢独处,不愿意与家长同行,也不愿让你进入他(她)的"小世界"了；可能是孩子开始有了心中的喜欢,开始"早恋"了；可能是孩子的学习出现困难,学习成绩越来越明显地下滑了；可能是孩子开始月粗暴的方式反抗你以及伤害你了；可能是孩子交了你认为不好的朋友但劝说不了他(她)了；可能是孩子的着装打扮口味太怪你忍受不了了；可能是孩子沉迷于游戏或者宅在家里没有社交了；可能是发现孩子开始瞧不起你了；可能是孩子出现了青春期抑郁或癔症……可能还有我没说但你正在面对的问题。是的,青春期的孩子总是会出现许许多多意想不到的问题,总是会给家庭带来这样或那样的挑战。

经常听到有家长感慨：早知道生个孩子这么多麻烦,还不如"丁克"算了。我知道这其实也仅仅是大家的感慨而已,毕竟很多的家庭还是因为孩子的到来享受到了很多美好的天伦之乐。更多的家庭在度过了类似青春期这样的阶段性时期后,家庭的完整感与幸福感会更加凸显。一路走来,不止听到了太多的父爱母爱如山的故事,自己也亲身感受着父母的伟大。很多家长为了孩子愿意隐忍牺牲,也确实非常伟大感人。很多人在成为家长之后,考虑事情往往会忽略了自己而从孩子的感受出发,要不然也不会出现所谓"高考离婚季"的社会现象了。所以,我们的家长基本上是一边吐槽抱怨、一边隐忍坚持。

做家长,特别是在中国做家长,目前还处于"自觉性职业"状态。很少有人会有意识地从孕期之前开始系统学习,更没有谁为这个岗位设置过标准、进行过检验。多年前我曾经希望能够举办孕期以及为人父母的培训，最终停留在了纸面方案阶段。这些年，妇联、共青团等团体的家长学校开始有所起色，一些早教机构的家长培训也开始有所活跃，但始终只是星星点点的火种，没有形成整体社会氛围，更难做到完全公益，不掺杂商业诱导。既然已经没有持证就直接上岗了，那就更需要坚持学习、认真学习、系统学习。家长在陪伴孩子成长的同时也完成了自我成长，只有这样才能让孩子的每个阶段都过得顺利。特别是面对孩子的青春期，力争做到不要难过而只要难忘！

一、大家的青春期哪里不一样

青春期是人的第二个转型期，是人生中最为重要、变化最大的一个转型期。按照时间阶段可以分成：青春期前期、青春期、青春期后期。结合目前中国学校教育、家庭教育、社会教育三个方面的情况来看，中国孩子的青春期从十岁到二十二岁，跨度要经历十多年。其中，女孩子开始得早些，在十到二十岁左右，男孩子结束得晚些，在十三岁到二十二岁左右。也许有人会质疑我所给出的时间阶段与传统教育学、心理学的划分不太一样。这其中的原因与思考更多来自实践。我认为这是由于现代社会环境下，成人期被延迟和青春期被延长的原因。这和整体社会的物质环境、教育环境、教育内容、教育方式息息相关，过于丰富的物质、平和的环境、良好的保护、技能的看重，导致了一方面孩子们思想早熟、知识储备充足，另一方面行动动力下降、依赖意识较强、独立能力偏弱。这就需要更漫长的时间来用于整体生长，而生长期的延长自然带来了成熟期的错后。

在被延长了的青春期过程中，孩子身上会呈现儿童和成人的双重性。体现成人特征的部分主要来自身体和意识。孩子从步入青春期开始，其身体形态就开始出现明显变化，第二性征逐渐发育完成，在身高、声音、外形上开始接近成人。这一阶段，他们对自己的身体格外关注和敏感，也会增加很多之前没有的心理体验。虽然还要依赖家庭成长，但内在产生了强烈的平等意识和需要被尊重的成人感受。体现儿童特征的部分来自情绪和能力。青春期的孩子情绪起伏是最大的，很多时候遇到问题依然会出现先有情绪反应后有理性分析的现象。能力部分也会存在对自己的希望和要求提高了但能力达不到的问题。所以，青春期的孩子有很多纠结和冲突。

在被延长了的青春期过程中，孩子的主体性日益增强，也就是人的自我意识逐渐彰显。这阶段的孩子已经能够自觉、主动地认识和调控自己的心理和行为。主体性越鲜明，就越清楚地知道自己在做什么，为什么而做，该怎样去做。主体性不强的孩子就会被动适应。有趣和无奈的是，这阶段的孩子往往是矛盾的，一方面是自我发展的主动性和愿望非常强烈，另一方面是自我发展的能力和状态还很不成熟。

在被延长了的青春期过程中，孩子既依恋父母又想摆脱父母。这一阶段的孩子一方面渴望父母的理解和帮助，另一方面又希望处处被尊重，能够发出自己的声音、坚持自己的主张。这种矛盾体现得非常明显，所以家长要做到既能帮到孩子又能让他（她）有被尊重感，这个分寸的拿捏可能比我们在职场面对领导、同事要花的心思还要多一些才行。

在被延长了的青春期过程中，孩子的逆向思维和消极情绪发展明显。步入青春期的孩子思维方式和情绪类型迅速立体、丰富起来。但由于身心发育匹配程度的问题，所以在人际关系平衡和谐相处、自身情绪调节方面还是会存在问题，更容易把正面宣传做反向的思考、更喜欢探究阳光背后阴暗的部分、更可能否定榜样和先进、也许会对不良现象和人物产生同情乃至共鸣、甚至会对纪律规矩有消极抵触情绪。这些都不是孩子已经定型的人格与品德，要在持续引导与教育的同时注意其改进的程度以及速度。

二、可能我们一直在误会

对于青春期的孩子来说，由于其在人生阶段特别是在教育过程中的重要与独特性，因此出现很多针对青春期的标签或者结论，其实这些都很值得探究，有一些更有可能就是一个"误会"。我们来看看有哪些关于青春期的误区，这些误区又对家庭教育、亲子关系会产生什么误导呢？

我认为对青春期的误区之一就是关于"叛逆期"这个标签。所谓叛逆，是一个心理学名词。就是指反叛的思想、行为。通常表现为忤逆普遍规律、违背他人意愿、与现实相悖的想法和做法。那这样的一个阶段自然就是叛逆期了。如果我们上网搜索就会发现，跟"叛逆""叛逆期"关联的直接就是青少年、青春期这类的词条。但大家有没有想过，普遍规律是谁认可的，是否是真理本身？关于青春期属于叛逆期的认知，是家长或社会普遍认可的，但我觉得未必是正确的道理。因为这是"被告方"缺席的"审判"，是在青春期孩子完全没有话语权的情况下得出的结论。我们来看看叛逆者违背的是谁的意愿，孩子还是家长？肯定是家长的意愿被违背了呀，因为孩子在独立之前在亲子关系里一直处于弱势。在这个标签背后的认知里，"叛"的是家长认可的道理以及已有的亲子关系模式，"逆"的是家长的主管意志以及权威权力。这个标签的存在，其实就已经昭告天下，青春期的孩子是有问题的。

对青春期的误区之二就是关于"早恋"的说法。我常常被咨询关于中学生早恋的问题，我也承认现在的孩子有被社会文化环境和激素含量不当食物"催熟"的现象，所谓"恋"的年龄有所提前。但实际有一点是被忽略了的，那就是成人认为的"恋"与"爱"和青春期孩子认为的"恋"与"爱"是否是一致的？答案当然是否定的。我们往往在用自己的标准定义孩子的情感。而处在这一时期的孩子通常的问题是自己也会把喜欢和爱恋搞混。其实，青春期阶段的情感更能确定的是喜欢而非爱恋，其所呈现出来的特点是这种感情阶段性特征很鲜明，可能突然开始也会突然结束，可能同时喜欢几个，可能喜欢的人换的很频繁。这种喜欢经过时间转化，到了青年期并稳定下来的才可能是爱恋。所以，青春期孩子的情感大约不是爱恋，不要误导孩子，与其强化不如弱化。而且我经常反问家长，你能确定孩子是爱恋不是喜欢吗？如果确认是爱恋那就一定不早，因为爱恋本身需要能力支撑，孩子爱了那也是有能力的表现，既然有能力了就不早，既然不早何来"早恋"，我始终认为这个词语的发明存在一定的逻辑悖论，容易对家长的认知以及亲子关系产生误导。

跟家长们介绍一个心理学效应的真实案例吧。这个效应的名称为

"罗密欧与朱丽叶效应"。这是莎士比亚笔下的一个著名悲剧，这个效应说的是在恋爱关系中出现干扰关系的外在力量时，恋爱双方的情感反而会加强，恋爱关系也因此更加牢固。各位家长，可能你的孩子并没有那么强烈的情感，却在你的努力下完成了自己的初恋之旅。我曾经接触过这样一位家长，她就是一位孩子早恋的牵线者。其实事情很简单，就是一对同班的男女同学，拥有共同的爱好，比较聊得来，其实这个事情完全可以用正常友情的心态来看待。但是女孩的妈妈不是这样认为的，她总是担心自己女儿出现早恋问题，所以经常去通过和孩子同学聊天来有目的地获取信息，然后与孩子爸爸认真分析得到的信息。越深入挖掘、认真体会，这位妈妈就越能发现自己的女儿和这个同班男同学走近了一点点的"蛛丝马迹"。这个时候为了更好地确认判断，孩子妈妈发挥了"侦探天赋"，于是自配钥匙打开了孩子上锁的抽屉翻查各种资料。其中一些和恋爱相关的书籍、散发着暧昧气息的音乐，甚至一些摘录着歌咏爱情的书签都成为孩子确实在恋爱的证据。这个时候妈妈认为证据确凿，可以摊牌谈判了。第一次找来了最疼爱孩子的爷爷奶奶、姥姥姥爷，晓之以理动之以情给孩子讲现在不能谈恋爱的原因，和可能存在的风险。第二次请来了孩子的姑姑和姨妈们继续上面的话题。在这次约谈的过程中，孩子说出了难道非要我承认这个事情你们就高兴了？其实从语言来分析，孩子这个时候就已经出现了抵触的苗头，但是急于解决问题的妈妈并没有当回事，而是在听完孩子这样的话后，拿出了在孩子抽屉里发现的所谓的"证据"，孩子看到这些所谓的"证据"知道了妈妈动了自己的东西开始情绪崩溃，出现了各种攻击性的语言。孩子的态度刺激并调动了妈妈的情绪，妈妈也开始了情绪化表达。最后导致的结果就是孩子的妈妈最不希望看到的：不但伤害了亲情关系，还影响了两个孩子的学习，促使两个孩子真的开始交往还偷尝禁果，出现了不能挽回的后果。

对于青春期的误区之三就是，关于"感恩教育"的做法值得商榷。近些年随着"感恩的心"兴起的还有"感恩教育"。特别是要对青少年进行感恩教育的声音及做法在各地此起彼伏，大有长盛不衰的势头。也许是这样的倡导很容易占据道德制高点的原因，很少有人会发出不同声音或者提出不同思考。在这里，我想说说我的个人观点。首先说"感恩"缘起于宗教词汇，表达的是凡人对神明应该秉持的态度，在现实生活中的平等关系里更加通用的是"感激、感谢"。

从教育视角出发，提出感恩教育，本身就是居高临下的视角，在这种视角下再希望出现友朋般的亲子关系就会问题重重。反过来，现在很多年轻家长的朋辈意识很强，那么就很不适合用感恩教育去引导孩子。当然，这主要是指家庭教育在感恩教育的范畴中，学校教育则不在这个范畴中。视角决定模式，千篇一律不行。随着时代的发展，我倒是赞成在青少年中开展感谢教育。其次是教育的形式与方法问题。考察了一下，目前社会上流行的"感恩教育"明显存在形式大于内容的问题。"感恩教育"的目的是希望孩子要对师长的善行和仁心存有深厚感情并用行动加以回报，目前比较常见的做法主要是树树榜样、讲讲道理。在家长和老师占领的道德高地前，孩子们似乎都在接受，但有多少道理真的得到了孩子们的认同并内化为他们自觉的行动呢？还值得深入观察与分析。在学校教育和社会教育领域，"系好人生第一颗纽扣"这种夯实底线的教育其实要比居高临下的"感恩教育"来得实在。

　　青春期是人生的一个阶段，具有这个阶段本身的特点，的确需要关注和引导，但不需要过度焦虑更不需要不当教育。爸爸妈妈如果按照自己理解问题的方式去解读孩子，结果往往是误解和别扭的。青春期不是洪水猛兽，不是某种病态，只是一种客观存在。甚至我有时都觉得这是人生中最值得纪念和深入挖掘的时期。很多人之所以会给青春期贴上诸多标签或者谈青春期色变，是因为在当下瞬息万变、各种社会信息与人文思潮扑面而来的中国社会，措手不及的不只是孩子们，还有家长。孩子们的个性张力、表现方式都远远超出成人已有的经验，这让家长处于一种不舒服、不安全的处境之中。家长们如果可以欣欣然迎接这个充满"惊喜"与"惊险"的时期，也许会让自己的生活更轻松、愉悦一些。

三、孩子看左家长看右

　　与成人社会会给青春期孩子贴标签一样，处在青春期的孩子也会带着"有色眼镜"放大家长身上的问题。那么这一时期的孩子认为爸爸妈妈存在哪些问题呢？

　　问题之一是沟通内容单一。在中学生调查中显示有接近80%的孩子认为爸爸妈妈最关心自己的学习，有10%的学生认为爸爸妈妈最关心自己的情绪、情感，有10%的学生认为爸爸妈妈最关心自己的爱好、特长。

　　问题之二是沟通方式单一。从青春期前期直到青春期后期，也就是孩子的青年时期，孩子普遍反感父母的地方在于只要是沟通的过程,无论如何开始和希望如何掩饰,最终的走向却大同小异,那就是几乎都会以家长的"唠叨"收场。孩子们大多反应自己的家长"太唠叨",只会说教。

问题之三是沟通效果不佳。在亲子沟通中,爸爸妈妈为了达到目的通常会反复说、不停说、变换说。再看看孩子的反应,有的反抗、有的漠然、有的似乎也应答了,但结果往往不会落实在行动中。

说到这里,大家有没有发现一个有趣的现象,面对不太好沟通、不太愿意主动沟通的青春期孩子,沟通问题依然是他们首位关注的问题。设想一下,他们喜欢的沟通模式是不是应该是这样:用很少的话语、很大的默契,彼此不但能够懂得对方更能够尊重对方,当然主要是家长对自己的理解和尊重。之所以会出现这些问题,其实是在沟通过程中家长往往以自身的认识、感受、情绪体验为出发点,而忽略孩子自身的主体性发展。

有人用火星撞地球来形容青春期孩子与更年期父母的相处,虽有所夸张,但也确实折射出处在特殊发展时期的亲子之间相互看不顺眼的问题。其实不管家长是不是处于更年期,这个问题也都普遍存在。那么这一时期的孩子在家长眼里存在哪些问题呢?

品德问题:对师长冷漠,跟同学吵架甚至打架,有的男孩子抽烟喝酒。

冲突问题:顶撞师长,跟朋友尤其是跟家长出现正面冲突。

学业问题:学习成绩不理想乃至出现明显下滑,有的开始厌学、逃学。

习惯问题:作息不规律、贪玩不服管。关于好习惯的道理完全都知道,就是不想接受或者执行。

审美问题:发型、服装审美口味超出大众标准,且有自己的坚持。

情感问题：暗恋、单恋或者互相喜欢的人出现，情绪随情感起伏波动明显。

疾病问题：有的孩子可能会出现阶段性抑郁、癔症等问题。

归纳一下，在双方眼中被错位了的问题是什么呢？最突出的错位问题是有70%的青春期孩子觉得爸爸妈妈不爱自己或者忽视自己，有50%以上的孩子怀疑自己在人际交往中不受欢迎。可几乎百分之百的家长会觉得自己对孩子的爱几乎用尽全力。就像一个向左看、一个向右看的两个人，用看到的不同去要求对方与自己步调相同。那么是什么让双方产生如此错觉呢？原因很简单，我要的爱你没有给，你给的爱我不需要。爸爸妈妈觉得自己爱得迁就、卑微、无效，孩子觉得家长的爱不对位、不到位、有条件。不但在亲子关系方面存在错位，其他方面也同样存在错位。比如，孩子在这一时期的社交中也会有这类型的感觉错位问题。喜欢寻找自己在别人眼中、心中的样子，却又往往因为找到的样子和自己以为的样子有落差而迷茫、失望。很多青春期友谊的分分合合都与此有关。

其实青春期的孩子不是想与世界为敌，只是在和自己较劲。也许正是因为自己跟自己的纠结过程中带歪了"画风"，所以也变形了周边人与自己的关系。家长和周边人比较容易从青春期的孩子与自己的相处中感受到他们的不可掌控性。其实，如果你再听一听、看一看就能够发现青春期的孩子作为个体，其自身系统的对立与冲突也是非常明显的，这就是这个时期的特点。霍尔在《青少年心理学》中就曾列举出很多青春期心态中的对立与冲突：

第一，热衷于有几小时、几天、几周或几个月精神过分旺盛的活动，接下来往往会走向反面，出现疲倦、筋疲力尽或者无精打采。仿佛一种循环，周而复始。

第二，好像于快乐与痛苦的两极之间摆动，会从洋洋得意、尽情欢乐瞬间转换到哭泣叹息、忧郁厌世。

第三，自我感增加，因此出现很多形式的自我肯定，比如虚荣心增强、过于自信、盲目自大等。但与此同时又并存自我否定，比如对自己的能力有所怀疑，担心自己的前途，害怕自尊心受伤等。

第四，生活不再是以自我为中心，慢慢出现了自私与利他之间的交换更替。只是情况不够稳定、标准不够统一而已。

第五，良心开始扮演主要心理角色，出现迫切追求正义和摒弃谎言的行为。

第六，在许多社会性本能方面也存在同样矛盾冲突的现象。比如羞怯、扭捏、好孤独、沉浸于主观生活与不甘孤单、想搭伴结伙、崇拜英雄、对新的伟大思想盲目崇拜、对文艺作品过分倾心，这两个极端也会同时在同一个人身上出现。

第七，有强烈的敏感与热情，同时也会有冷静乃至冷漠、无情甚至残忍。

第八，对知识的好奇与渴望，对理智的热切追求本身应该充满理性，但在规划的过程中也会时不时呈现狂热的状态。

第九，这一时期的孩子普遍知行不统一，在知与行之间摇摆。一面热心读书、想有学问、想有一番大作为；另一面又会自觉不自觉地想往外走，或者贪玩游戏。

第十，保守与激进的思想并存且两者会交替出现，重要的是不会打招呼，往往凭感觉。

第十一，感官功能与智力发展之间出现明显的相互作用，各自成形又相互促进或制约。

第十二，聪明与愚笨并存，这一时期的孩子时而为自己的聪明窃喜、得意，时而为自己的愚笨懊恼、沮丧。

这些问题在青春期的任何一个阶段、任何一个孩子身上都会或多或少有所体现，但他们对这些问题的感知与归类往往来自家长和老师，而不是来自孩子清晰的自我认知。希望家长们了解之后也能坦然，这样会对这一时期的亲子关系非常有帮助。不过，任何对立和冲突都有个程度问题，如果严重到阻碍孩子的正常自我认知和自身发展了，那就确实可以称之为"问题"，需要及时应对。

四、说说由来

青春期的孩子之所以具有这些特征自然有着内在与外在的不同原因。抽丝剥茧，我们来慢慢分析一下。

首先要提到的当然是来自社会环境的影响。因为即使同为青春期的个体，受所处的不同时代、社会的影响，其呈现的群体特征也会有很大差异。所以，我们这里定义的青春期的孩子仅仅是指当代的、中国的、以城乡青少年为主群体的孩子们。我们必须承认，环境对人的影响力是巨大的。所谓"久入芝兰之室不闻其香、久入鲍鱼之肆不闻其臭"就是这个道理。在环境影响之下，成人尚且容易迷失或被诱惑，何况这些自我尚在对立冲突中的、只有十几岁年纪的孩子们呢？客观地来评价，我们的社会价值、社会文化建设是需要很好的顶层规划和综合治理的。曾经以及当下在一些地方盛行的漫天的网游广告、低息贷款广告、无痛人流广告、美容才好升学就业的广告、长期占据热搜榜单的娱乐八卦消息，这些都在误导我们的孩子。让孩子们错误地以为评判人的标准中颜值占据首位；以为人流简单容易，所以性行为可以放开；以为最好的人生应该好逸恶劳，睡觉赚钱不只是广告标语；以为坏男孩内心都是温暖的、最有魅力的，让太多人心中都有想当明星的梦想。当这些价值观在孩子们的世界盛行的时候，家长口中的那些没有太多技术含量的"碎碎念"或者简单说教的正确价值观能起到多少作用呢？

接下来是孩子自身身心发展的必然部分，那就是来自儿童期和少年期的累积。我个人很喜欢的李玫瑾教授在进行犯罪心理分析的时候就是从当下的犯罪行为追溯到罪犯的少年乃至儿童时期环境与事件的影响，从而探究出犯罪原因甚至形成画像抓到罪犯。其实人在任何一个时期发生的问题，原因都是可以向前进行追溯的。因此，一个孩子如果在青春期阶段出现问题，通常也是可以追溯到童年乃至幼年时期的。所以我们来看看孩子一路成长过来有哪些普遍规律，又会积累下什么呢？在与家长的亲子互动中又会有哪些抗争与制衡呢？通常情况下，0 到 6 岁的家长与孩子之间是"依恋与反依恋"的关系，小学低年级是"立规与违规"的关系，小学高年级是"唠叨与反唠叨"的关系，初中是"控制与反控制的关系"，高中是"压力和反压力"的关系。

0 到 6 岁的孩子对爸爸妈妈，尤其是对妈妈的依恋是与生俱来的。这一阶段的家长虽然辛苦却很欣喜，欣喜到不去想也不愿想亲子关系的根本趋势与模型。亲子关系总的发展趋势是从依恋走向分离，3 岁前安全感建立完成，3岁后逐步为孩子的可独立性进行长远规划。这是一个关于平衡爱与独立的阶段，也许这个话题放在这个年龄段中显得太早，但其实很多家长即使孩子已经上了大学也并不期许孩子离开，所以这个话题早讲晚讲都不妨碍家长从小开始逐步实施。家长要认识到亲子关系从依恋走向分离，其中最大的障碍不是"子女离不开父母"，而是"父母离不开子女"。这是一种反向依恋，而且是孩子年龄越大家长年纪越大这种反向依恋越强烈的一种过程。人本主义心理学家弗洛姆说过：妈妈和孩子的关系是矛盾的。它要求妈妈付出最强烈的爱，但这种爱又必须帮助孩子成长而远离母亲，最终完全独立。平心而论，这种心态太过理性，对妈妈来说往往是说得通做不来的。所以，包括我在内的大多数母亲都不太可能完整地完成这项任务，即在爱孩子的同时又能让他离开，在让孩子感受爱的同时鼓励他带着爱离开。0到6岁的关系任务没有全面完成的话，就会给孩子接下来的成长带来情感基础稳定性和方向性问题。

小学入学前以及低年级阶段是要给孩子立规矩的，完成对孩子的行为规范意识与能力的训练。这是一个平衡自律与权威关系的阶段。家长希望爱与亲密能够帮助自己在孩子心目中树立权威，落实规矩。结果总在意料之外，很多孩子很爱家长但不会听家长的话，很多孩子也会在接收规矩的时候与家长产生矛盾，也往往会向这些规矩发起挑战。孩子会挑战规矩、不听话的原因有三：第一是规则完全来自爸爸妈妈，孩子没有参与制定也没有认同感；第二是家庭关系有矛盾，标准不统一，孩子觉得混乱或者有空子可钻；第三是家长的态度"凶狠"，让孩子开始怀疑家长的爱，用挑衅来试探。孩子接收规矩的意识是从两三岁起就开始训练的,小学入学前后只是规矩的数量、内容、标准会出现较大改变,这些规矩涉及学习、生活、言行等方方面面,这些规矩的训练最晚在 10 岁之前基本完成。如果到这个时候孩子还没有懂得制定规矩、尊重规矩、执行规矩,就会带着缺少自我约束力的问题走进自己的青春期,并影响其后的人生发展。

小学高年级的孩子开始进入青春期前期,女生因为生理变化的原因,男生因为性别特点的原因,呈现一个共同特点:不喜欢被家长唠叨!其中女生由于发育较快的原因,这种特点会比男生表现得更早也更明显一些。而这一阶段孩子学业压力的加大、积累的问题日渐显现、家长管教孩子的方法跟不上孩子的成长等原因让家长难免急躁、唠叨而孩子难免反感,甚至产生冲突。这个时候,还处于亲子关系主导位置的家长如果把亲子冲突产生的责任完全归咎于孩子的话,那势必会让孩子带着抱怨的情绪和个性解放的强烈愿望走进他的青春期。

初中是让人感觉变化跨度最大的一个人生阶段。首先是外形上的改变,褪去童年的样子出现少年的模样,几乎是身高增长最多的阶段,性格也开始出现较大变化。很多家长觉得小时候爱说爱笑的孩子进入中学开始与自己交流明显减少,性格也开始安静下来,这让很多家长有抓不住甚至失控的感觉。其实孩子的这种变化属于生长发育的正常反应,并不意外。一方面是因为对这个阶段的孩子来讲,伙伴影响远远超出师长影响,所以孩子把倾诉和倾听的机会给了自己的伙伴。另一方面在孩子准备走进成人世界的开始阶段,他们明确知道自己要摒弃过去的小孩子的话语体系,但类似成人的话语体系还没有建立起来,同时他们又不喜欢以仰视的视角与父母对话,结果就会造成往往没有办法完成平等对话,特别是在产生分歧的情况下更是如此。所以他们通常会选择"暂时闭嘴",当然也不排除会出现"激烈表达"。如果家长不能理解,或者再因为焦虑而进行指责、猜疑、干预,那么孩子将带着创伤和跟父母的矛盾走完整个青春期。

进入高中的孩子表面上看可能是懒散、懈怠,厌学、网瘾、早恋问题层出不穷,但实际上他们往往是在应试教育的战场上打累了、失望了,再加上自我成长的困惑没有解决,所以给自己找个理由、做个喘息,甚至用逃避现实的方式试图进行自我疗愈。这一阶段的孩子一方面压力来自自己,一方面压力来自外部,其中家庭压力是他们最在意也是最想反抗的部分。如果爸爸妈妈不能懂得孩子表象背后的动因,不能理解、包容、陪伴,还一味地施加压力的话,孩子不只是青春期,有可能整个青年时代都会和父母非常疏远。

再然后的原因就来自家长的关注程度了。在现实生活中,我们大抵都有这样的经验:端一满杯水如果抬头前行就平安无事,如果低头注视通常会洒出杯外。同样,被过度关注的孩子在成长过程中极有可能就像那只被注视的水杯,往往会出现问题。被过度关注的孩子如果恰逢青春期,那通常会因此产生一些极端化的心理反应。有的孩子会有被禁锢的感觉,想要逃离关注或者有反弹情绪与反抗行动出现。有的孩子会产生极强的依赖感和优越感,觉得被关注和呵护是理所当然。这两种心态一旦稳定下来,将直接影响孩子青年期及以后的人际关系模式。家长的过度关注除了来自孩子的数量,更来自家长对自身的期望。有一种"金秋收获期待"理论,说的是人对自己晚年来临之前的生活、事业的质量与水平都会有较高层次的需求与期许。所以很多男士会在三十多岁选择跳槽、变换工作，女士在孩子长大离家后会对工作或生活乃至一项兴趣爱好投入极大的热情，这是人类追求美好生活的本能与权利。只是，有很多家长在不知不觉中把孩子的人生和自己的人生并轨，很多家长不止把自己的人生进行了期待，也把孩子的成才成功、生活幸福看作对自己"金秋收获期待"的补充甚至替代。所以总能听到一些家长对孩子说，我做的一切都是为了你，我的未来全靠你，你是我全部的希望，等等。有着这种心态的家长不仅携带着对孩子的高期许行走在自己的人生路上，一定也会占用孩子的车道，那么冲撞大约也是难免了。

还有就是来自亲子质量的高低了。亲子关系与家庭教育是一对同行者，相伴相随、相辅相成。孩子的青春期度过得是否平稳、顺利，在很大程度上取决于这个家庭关系的基础如何，特别是亲子依恋程度的高低和亲子特征是不是积极的、良性的。当孩子对家庭的依恋程度高，亲子关系在家庭教育中呈现鲜明的积极作用的时候，孩子的情绪反弹、性格张力就会小很多，也就能比较好地接受来自父母的建议。反之，一个家庭依恋程度差、亲子关系在家庭教育中呈现鲜明消极作用比较多的情况下，家长和孩子之间不是相处冷漠就是冲突不断，当人与人之间的情绪多于理性的时候，必然不会产生什么好的家庭教育效果，自然也不会对孩子的青春期成长有太多帮助。

孩子对家庭适度依恋的养成是亲子关系也是家庭教育中不容忽视的一部分。一个孩子的非社会性依恋是从出生就有的，社会性依恋则是从出生后八个月开始的。孩子对家长的依恋可以分为三种类型：安全依恋、躲避依恋、矛盾依恋。其中，三岁以前的婴幼儿时期是依恋养成的最重要时期。而婴幼儿的依恋养成主要针对的对象是妈妈。这三种类型在婴幼儿群体中是如何分布的呢？实验显示，有 70% 的婴幼儿属于安全依赖的类型，在与妈妈单独相处时愿意积极探索环境，在与妈妈分离后明显不安，妈妈再次出现时会很高兴并愿意与妈妈密切接触。有 10% 的婴幼儿属于矛盾依恋的类型，妈妈在场时，孩子是焦虑而且不愿意进行探索活动的，与妈妈分开后会非常忧伤，妈妈返回后忧伤减退，焦虑再现。既对妈妈的离开不满，又对妈妈的接触有所抗拒。有 20% 的孩子在婴幼儿时期存在躲避依恋的现象，与妈妈分离后没有多少忧伤，与妈妈在一起时似乎对探索周边也不感兴趣。这样的孩子在妈妈返回身边时不会有喜悦，对陌生人也不会有特别的警惕。孩子的依恋方式影响今后人际交往甚至心理健康，那又是什么影响着孩子的依恋方式呢？

艾恩斯沃斯（Mary Ainsworth）说，孩子在婴幼儿时期的依恋类型很大程度上是由父母与孩子的交往方式决定的。安全依恋型的父母对孩子释放的信号、情绪的表达非常敏感，他们鼓励孩子进行探索，而且喜欢与孩子有密切接触。孩子能从与家长的交往中得到安慰和快乐，从而建立起安全的依恋。矛盾依恋型的父母也对孩子感兴趣并愿意和孩子进行密切接触，但问题在于与孩子接触的过程中常常会误会孩子发出的信号，在与孩子分离后再聚合的时候也常常不能及时建立起与孩子情绪相配合的同步互动关系。久而久之，孩子从多次互动中了解到不能通过完全依赖父母来得到情感上的支持与安慰，就开始变得焦虑与不满，这是形成矛盾依恋的基础与过程。躲避依恋型的父母对孩子是不够友善的。父母通常在跟孩子互动时非常缺乏耐心，当孩子打乱了他们的计划和活动安排的时候，会对孩子表现出不满，对孩子释放出来的信号采用的态度也会不妥当或者不负责，很多时候是消极冷淡的，孩子被拒绝多了自然就不喜欢亲近家长了，从而形成躲避。但因为孩子年幼的缘故，还需要家长的养育，所以一边躲避一边依赖是躲避依恋型的最大特点。在这种环境与心境下长大的孩子会出现许多身心健康方面的问题。

依恋的类型与依恋的程度不仅会影响孩子的认知发展与社会性的发展，更会影响孩子的婚恋择偶。人的依恋的类型既然可以养成也就可以改变，只是婴幼儿时期用一两年就能形成影响人大半生的心理基础，如果到孩子年龄大了再调整可能就需要很多年了。不过，只要开始改善就总是好的。如果你已经错过了孩子的最佳依恋形成期，那么就不要介意多花上一些时间和精力调整和改善你们余生的亲子关系了。

然后该说说亲子交流的方式对孩子的影响了。孩子青春期的度过是否平稳、顺利，亲子沟通和解决亲子冲突的方式也是非常重要的因素之一。亲子沟通畅通、亲子冲突少而且能够巧妙化解的家庭，一般能使孩子减少自我冲突，尽早与自己达成和解，从而顺利度过青春期。如果亲子之间不沟通或者多冲突，那么不仅解决不了当下的问题，反而会加重孩子的情绪反弹乃至行为报复，让"小事变大，大事拒绝调和"。这种影响就不仅仅局限于孩子的青春期阶段了，这样交流的家庭可能要用半生乃至一生的时间为这一问题寻找和解之路。简言之，孩子的成长顺利与否往往取决于家庭成员之间是否懂爱、会爱。爱，的确是一种了不起的能力，是这世间唯一一种能够化腐朽为神奇的能力。很多人的社会关系出现问题的原因也往往来自"不会爱"。会爱的人亲子关系融洽、家庭关系和谐、社会关系健康。

在这里，我也要特别说一句，我们有些父母不是不爱而是想爱而不得要领。这其中除了有认识与学习不足的原因之外，还有一个原因就是东西方亲子关系模式的使用不当。东西方的代际关系的区别在于，西方强调的是断裂—分离—个体化，东方强调的是顺承—融合—家庭化，所以我们常常看到受东西方思想影响的年轻父母和年轻人往往会出现代际关系混合乃至混乱。家长忽而很西方地跟孩子如朋如友，忽而很东方地跟孩子讲规讲矩，忽而进行散养追求个体独立，忽而强调遵从希望高度配合。家长的多重标准与随意切换，可能会引起孩子的不适应以及亲子关系紧张。确定一种标准，把要融入自己家庭的独特文化提前嵌入，之后请尽量一以贯之。

那么有哪些沟通类型是孩子不喜欢的呢？给家长们展示一下，欢迎对号入座。据调查资料显示，孩子们总结出了七种不讨人喜欢的家长在亲子关系与家庭教育中的沟通方式的类型。

第一种是咆哮型：往往说不了几句就开始音量升高、情绪激动，最终通常以大喊大叫来结束沟通的方式。这种沟通在爸爸妈妈心中是被孩子激怒后的爆发和爆发后的懊悔，在孩子们眼里只看到彼此情绪的宣泄却没有可能体会到要沟通的内容，更没有可能看到沟通有什么效果，如果有也可能是负面的效果。

第二种是训斥型：双方交流时家长语气严厉，多用祈使句的方式表达，往往比较强势，批评多、表扬少。这种沟通在爸爸妈妈眼里是发挥了权威效力的，在孩子心里却是"可惜我不是别人家的孩子"的怨怼，听听而已或者表面听从内心不服。

第三种是重复型：谈话内容老生常谈、毫无新意，家长说了上句孩子就知道下句的方式。这种沟通在家长看来是坚持和尽责，在孩子看来是对爸爸妈妈的瞧不起，不过是"三板斧"。家长的能力、知识、眼界都不够，怎么可能让孩子折服。

第四种是迂回型：是家长的交流无论从哪个话题开始，最后都能绕回学习这件事，万变不离其宗。这种沟通在爸爸妈妈看来是技巧策略，在孩子眼中却是不可多用的"诡计"。一旦被发现，就会被警惕而不会被接受。

第五种是逼问型：家长一直追问孩子自己不知道的情况，不达目的不罢休的沟通方式。在家长看来仅仅是了解情况保护孩子，但在孩子看来是不被尊重和理解，会让孩子对家长的自身修养产生轻视或反感。

第六种是唠叨型：家长没有提前策划沟通内容和形式，而是碎碎念，想到就说，想到哪里说到哪里，往往一件事情被分成若干次诉说的方式。在家长看来，是亲子关系中不必拘束，自然而然想到就可以表达的逻辑，在孩子看来，是觉得啰唆而且没有意义的感受。

第七种是混合型：家长在沟通中往往用到的是以上几种沟通方式的集合，打法混合，也许开始迂回、之后逼问、然后重复、再来训斥、最后咆哮，等等。这种沟通无疑是亲子关系的双方都不想体验，并都知道会伤害双方感情但又不一定能够避免的。这种方式在青春期阶段的沟通中出现的频率往往比较多，从理性开始，以失去理性结束。

还有哪些是引发亲子冲突的深层次原因呢？容易引发亲子冲突的原因还在于思想认识、文化教养等比较深层次的原因。我们再来看看以下几个方面，提醒家长们注意与思考。

第一，家庭内部的教养原则与方式不统一，这是引发亲子冲突乃至家庭冲突的最普遍原因。最常见的冲突就是爸爸妈妈一个严厉一个溺爱。说"严厉"和"溺爱"指的是父母双方相互之间的感受，你觉得我严厉，我觉得你溺爱。在孩子眼中只有严厉没有溺爱，因为孩子从不会嫌自己得到的爱太多。

第二，家庭内部标准的不统一引发的可能是多重矛盾关系，亲子关系、夫妻关系，乃至整个家庭关系都有可能经常处于冲突之中，抑或是因为家长情绪失控而引发亲子冲突。像上面沟通方式中我们提到的几种类型都属于带有明显情绪过激倾向的，在此过程中如果家长情绪真的失去控制，或言语辱骂侮辱人格或拳脚相加大打出手，那么一场比较激烈的亲子冲突就不可避免了。在亲子关系或者家庭关系冲突中，低龄阶段的孩子通常会选择屈从，但如果是处于青春期的孩子通常会选择直接反击。无论是正面冲突、冷漠相向、离家出走还是自我伤害，哪种方式的关系撕裂都需要一个漫长的修复过程。一个急躁而保守的父亲和一个强势而散漫的母亲，常年会因为孩子该规矩严些还是放手多些而争吵，还使得孩子无所适从。孩子也非常苦恼，成年以后便想迅速搬离原生家庭自己生活。

第三，生活方式差异过大也是引发家庭矛盾以及亲子冲突的诱因。这一点在孩子青春期阶段尤其明显。青春期的孩子很多行为习惯让家长无奈甚至头疼。因为工作的关系，我们常常看到很多服装怪异、装饰夸张、狂热追星的孩子，这些孩子基本都处在青春期中期和后期。也看到很多孩子为了保持所谓跟同伴的语境畅通，不能熬夜的硬熬，不会抽烟的开始抽烟，家庭条件不宽裕的开始讲究品牌，等等。孩子的这些行为举动与家长的认知与期望之间反差巨大,矛盾与冲突自然很难避免。目睹过小区里高中女孩穿校服上学路上被妈妈拉下自行车当场整理衣服。前面妈妈刚刚把斜挎在肩头的衣领扶正,把拉链拉到胸部以上,把一高一低的裤腿调成一样,转眼孩子路口转弯就停下来恢复了之前的样子。整个过程双方脸色难看,语言很不友善。

第四,家庭成员之间的观念不同势必会引发家庭矛盾,特别是亲子冲突。孩子的青春期恰巧是其人生观、世界观、价值观确定并且稳定下来的时期,这期间冲突的根本原因往往就来自这三观的不同乃至完全背道而驰。所以才有了家长苦口婆心、掰开揉碎,孩子却无动于衷、嗤之以鼻。一个男生文理均衡成绩优异,自己内心更喜欢人文类学科,工科出身的爸爸坚持让孩子学计算机,因为考虑到未来就业,双方各自坚持的过程中多次发生冲突。最后孩子让步,学了计算机,成绩一般,毕业后也不急着找工作,一直作网络写手,父子关系一直不太好。

也许有的家长比较庆幸,还好自己的孩子很省心,乖乖的,或者只知道学习,或者不学习的时候也安安静静待在家里让人很放心。那我要提醒家长一句,请注意在一些大家普遍认为的好孩子、乖孩子身上,青春期的中后期可能会出现一种值得注意的现象:他们开始慢慢失去发展的动力和能力,而且青春期没有出现的问题延迟到青年乃至中年时期。有人把这样的人生经历做了一个形象的比喻,称之为"耗竭漏斗"。有的孩子可能会因为非常乖顺从而比较缺少自我,在家长的管束下习惯性地局限自己的行为空间和行为类型,而且因为过于专注于学习而放弃了看似可有可无、其实非常滋养身心的娱乐休闲活动。长此以往慢慢开始造成能量流失、圈层和视野变窄,把自己的生命状态活成一个"漏斗"，而且是输出大于输入的"漏斗"。这样的"漏斗"人生出现问题是或早或晚的事情。这个时间点的出现通常由输出情况决定，当个人能量流失到一定程度的时候问题就自然引爆，比如厌学、抑郁、恋上问题少年或发生暴力事件等。再或者问题不出现在青春期，而是显现于青年时代乃至中年时期的前期。问题出现的范围也会随着年龄的增长而愈发广泛，比如会涉及人际关系、职业发展、婚恋择偶等。

那么怎么才能做个聪明的家长，尤其是在孩子青春期这个相对比较独特而且也容易出现问题的阶段做点什么呢？

五、不妨试试看

纵观人生的整个过程，有人说是成长的过程，有人说是变化的过程，我觉得也可以说是调整的过程。尤其是对父母来讲，这本身就是一个需要不断调整的职业。不断调整是这个岗位的一贯要求，不做调整是这个岗位最不可容忍的状态。那么调整什么？如何调整？

（一）要调整好父母的心态，除此没有它法

还记得曾经非常流行的一个说法吗？孩子是父母的复印件，复印件出现问题怎么办？当然是修改原件呀！这个说法非常形象。爸爸妈妈在亲子关系中一直到青春期结束，乃至青年时期都处于相对强势、主导的地位。作为亲子关系的领导者，自然要率先调整好心态、状态，不能引起被领导者的反感乃至反抗。其实，如果不是孩子感受到极大的伤害和委屈，很多问题还都是可以化解的，因为他们与父母相比更不

容易记恨,他们对父母的忠诚和父母对他们的爱是一样强大的。

家长要学会放松自己,接受青春期是每个人身上必然出现的正常阶段,不必过度焦虑和用力。

有的家长说比较担心自己是单亲家庭,可能导致孩子青春期出现问题比其他孩子明显一些,这是有可能的。之所以说有可能而不是肯定,是因为家庭残缺确实会给孩子的成长带来问题,而单亲家庭未必全都如此。家庭的完整程度对不同性别的孩子影响不同,对男孩的影响通常大于对女孩的影响。孩子心里的家庭的完整程度不是人口的完整存在,而是家长是否都还爱他(她),家长之间是否相互谅解而不是战争不断。有些单亲家庭的爱并不比完整家庭来得少,那么对孩子的成长是没有什么影响的。反之,如果家庭人口齐整但矛盾不断,孩子的成长也一定会遇到问题。

在家庭关系中,爸爸妈妈各自的角色与作用各不相同。妈妈的作用自不必说,这里主要谈一下爸爸的作用。我经常在讲座的时候表扬肯为孩子教育和家庭发展辛苦付出的爸爸们,也经常听到妈妈们跟我发出呼吁,给爸爸们办个培训班吧。我无意与爸爸们为敌,也的确有一些爸爸在家庭教育方面做得比妈妈还要好很多。我只想从概率的角度说说普遍问题,不可否认的是,"丧偶式抚养"的确是当今中国社会最无奈又现实的缺陷家庭写照。所以,爸爸们要认识到家庭完整不等于家庭教育完整,只有家庭教育完整才是对孩子成长最有帮助的。一个结构完整的家庭和一个单亲家庭在家庭关系与家庭教育方面面对的问题几乎是一样的,就是要解决好家长之间的矛盾冲突和家长各自履行好教育职责这两个问题,只有这两个问题得到顺利解决才能够实现好的教育效果。只是单亲家庭的矛盾可能更加尖锐，一个人的养育通常更加辛苦。一个单亲妈妈带着一个男孩费尽心力，小学虽辛苦倒也平稳。到了中学，孩子不再愿意跟妈妈，又没有办法跟爸爸，最后在爸爸租的房子由爸爸妈妈轮流安排家人照顾。爸爸说妈妈照顾得不好，对孩子太严厉了。妈妈说爸爸充当好人，不对孩子负责任。我跟孩子的爸爸妈妈说，你们可以分开，但不要相互指责。爸爸不要因为无法陪伴孩子就在物质上和言语上一味地讨好纵容孩子，妈妈也不要一个人硬扛，把爸爸妈妈两个角色都担在身上，给孩子太大压力。爸爸妈妈还是要把自己该承担的部分承担起来，比如生活上妈妈确实不能放任孩子这样漂流在外，要尽量陪伴，多多关心爱护，可以先搬去与孩子同住一段时间再商量什么时候回家。爸爸要开始关心进入青春期的儿子身体发育、情感问题，用男人的方式用心交流，要尽量用宽厚包容抚平自己因为双方经常冲突带给孩子的伤害。

（二）要建立科学的认知，把青春期的过程全维度研究一下

青春期孩子与父母的关系基本可以分为四个阶段：第一阶段是分化阶段，就是孩子的自我意识成长，并开始意识到自己跟爸爸妈妈是完全不同的独立个体，有着不同的兴趣爱好和价值观念，并对爸爸妈妈乃至老师多年来对自己的指导、教育提出质疑。第二阶段是评估阶段，就是孩子开始评估自己的思想、能力、价值，开始希望按照自己的意愿行事，甚至拒绝别人的建议与忠告，有时也会为了反对而反对。不过这一阶段的孩子通常会高估自己，出现"知行不统一"或者"眼高手低"的现象。第三阶段是平衡阶段，这一时期的孩子渐渐开始回归理性，能够部分接受爸爸妈妈的建议或者用尊重的态度适当选择建议，亲子关系呈现趋于和谐或者已经和谐的状态。第四阶段是巩固阶段，这一阶段的孩子既明白自己作为独立个体需要独立面对、独立选择、独立成长，又能够具有听取忠告的意识与能力。到达这一时期，标志青春期亲子关系最艰难的部分已经完成，孩子的人生顺利进入下一阶段。

　　了解了孩子青春期的必由之路，也了解了孩子在这条必由之路上会呈现出来的特点以及反应，更预判到了孩子可能出现的问题与面临的困境，家长的心理准备已经基本完成。"山雨欲来风满楼"，既然因为"风满楼"而知道"山雨将至"，那就不会也不应该惊慌与急躁，只要好好找个地方或者工具"避雨"，等待"雨过天晴"就好了。其实，我接触了很多青春期孩子的家长，感觉大家是有准备也有承受能力的，只是因为孩子的青春期刚好与升学考试这件事的时间重叠，所以很多家长生怕孩子的青春期问题影响了孩子的学习，造成升学考试失误。曾经接待了外地来咨询的一个家庭，女孩即将高三，因为向一个喜欢的男生表白被拒引发应激性心理障碍。女孩平时学习很好，家长期许她报考"双一流"大学，出现问题后成绩下滑，注意力无法集中。在和孩子交流中，我发现孩子的人际交往存在困难，而家长关注的焦点始终在于如何让孩子提升注意力进而提高学习成绩。我告诉家长，这个阶段的孩子不留下心理创伤，未来能够结婚生子，要比上个名牌大学重要得多。

　　聪明的家长要懂得解决重要并且紧急的问题。与此同时，也要想方设法尽量缩短孩子青春期的全过程，以免让幸福人生路为漫长青春期问题买单。我儿子的很多同学因为从小就经常来我家里，所以我对他的很多同学都非常了解。有的同学直到大学毕业分化阶段都没有真正结束，于是又开始了在就业与择偶方面的拉锯战。看着分头找我倾诉的孩子和家长，我仿佛又回到了他们的中学时期，感觉啼笑皆非又心情沉重。因为这样的局面下他们要解决的问题可能比中学时期还要多、还要复杂。

（三）以孩子为中心，接纳孩子的现状，尊重作为主体的孩子的特点与发展规律

我们不仅要接纳孩子的普遍成长规律，更要接纳孩子的个体差异。有人说老师往往教育不好自己的孩子，是因为在学校教出了太多的好学生，回到家看到自己生的那个满是缺点的孩子，很难喜欢、很难耐心，孩子也就往往难成大器。这其实反映的是家长能不能面对现实，接受自己的孩子确实不如"人家的孩子"的问题。家长要知道人生而不同，确实是存在个体差异的。我经常被家长咨询，孩子内向怎么办？我通常会先鼓励，内向很好啊，你的孩子专注力会高，思考能力会很强。看到家长美滋滋的表情我们再往下聊，看看孩子是否内向到影响哪方面的发展，如果谈话没有结束，这就是孩子的本性，不必每个孩子都伶牙俐齿、乐于表达。家长也要知道，"天生我材必有用，何必要与邻人同"。见到一位妈妈带着两个女儿，两人差异极大。大女儿文静内敛，敏感而略带消极，有点儿林黛玉的风骨。小女儿活泼开朗，乐观通达，颇像史湘云的洒脱。大女儿跟小女儿说心事，小女儿会笑大女儿"杞人忧天"，小女儿的乐天派又被姐姐笑称"神经大条"。妈妈跟我诉说烦恼，既担心大女儿的敏感，又操心小女儿的顽皮。我笑着说，羡慕你既能感受细腻又能拥抱快乐。一个家庭成长的两个孩子尚且差异巨大，何况其他独立个体。与其注入主观意愿不如尊重生命轨迹。

　　但不幸的是，家长欲望的生长往往比孩子的成长速度更快一些。从最初出生时的希望孩子健康平安，到上学阶段就变成希望孩子可以聪明些，再聪明些。进入青春期阶段，家长的欲望通常也达到一定的高度，希望自己的孩子有颜有才、能动能静、受人欢迎、独立自主还乖巧懂事。我要提醒各位家长，其实孩子的成长是与我们的面子无关的事情，请收起自己的欲望，好好观察自己的孩子，他(她)要用自己本来该有的样子去成就自己的一生，请尊重并接纳。

　　有人把人类按照社会功能进行分类，认为人类可以分为四种类型，分别是生产者、投射者、显示者和反映者。生产者占人类的70%，是这个世界的生产者、创造者，喜欢在工作中得到满足感。生产者的能量场是包容的，非常喜欢集体生活，非常适合与人合作完成事情，代表人物是乔布斯和我们大多数普通人。投射者占人类的21%，投射者天生不是用来工作的，其天赋是管理、指导和引领他人。对投射者而言，得到他人的认同和赏识是尤其重要的，否则就是怀才不遇的一生。代表人物是周星驰等类型的艺术与哲学层面的人。显示者占人类的8%，显示者是天生的领导者，有很强的领导力和影响力，同时因为自己的优秀会觉得别人很慢、很笨。有时会给别人自以为是不好相处的感觉，其实只是因为他们知道什么是对的。代表人物应该是改变了中国消费模式的马云。反映者占人类的1%，反映者对周围环境非常敏感，他们才华横溢，看待事物有独特的角度，他们与世界的其他人不同，有自己的节奏与体验感。代表人物是马克思或者迈克尔·杰克逊等。

　　尝试着给人类分类的办法有很多种，每种分类之后还会有交叉与混合出现。所有分类方法都证明了一个论点：人的确生而不同。其实，对每个生命个体而言，具有唯一性是最突出的特征。作为唯一生命缔造者的父母而言，尊重个体特征，接纳个体属性是必备的技能。

（四）平等关注和对待孩子的情绪与情感，但技巧还是要有的

父母和子女之间既是一段充满温情的旅程，也是一场没有硝烟的战争。我们既然承认现在的孩子普遍聪明，信息储备普遍足够，那就应该把他们当作足够强大的伙伴甚至对手来尊重，千万不能"轻敌"呦！

所有家长必须学会倾听。有一个现象推荐给家长了解，叫作"超限效应"。"超限效应"指的是刺激过多、过强，刺激时间过长，会使人产生极不耐烦或者逆反心理。家长在亲子交流过程中的反复唠叨，引起孩子的反感从而引发矛盾、冲突，就属于典型的"超限效应"。要消除"超限效应"，那就多倾听孩子的表达、引导孩子表达。倾听是消除"超限效应"的最好方法。

家长必须学会跟孩子聊天。跟青春期孩子聊天的原则是不唠叨，聊有趣的、孩子感兴趣的事情。为了跟孩子有共同话语，我学习《三国杀》《狼人杀》、看玄幻小说、收藏《哈利·波特》全集、用乐高做家庭装饰，等等，我们之间可以聊天可以陪玩，很多问题在陪玩中也就聊完了，甚至我会故意讲给他听。我会在安排其他玩伴的时候提前沟通话题和引导方向，这些小哥哥小姐姐是他的同龄人，很多我的观点从他们口中玩笑着说，孩子接受起来很自然，有些孩子事后还会觉得是自己聪明，悟性好。给大家推荐这一时期的聊天方式，那就是"平行交谈"。就是不用刻意进行谈话，而是大家一起一边做一些可以共同做的

事情一边聊天。比如，散步、玩拼图、打球等。而且即使有非常想谈的问题也要让孩子感觉到不是以谈话为主的互动。谈话过程尽量不要有太多目光交流，甚至彼此不看对方都是可以的。

家长都应该学会闭嘴。我们往往不是懂得太少而是太多，不是叮嘱得太少而是太多。面对青春期的孩子，家长应该学会闭嘴。"惜字如金"反而更容易赢得好感。当家长学会闭嘴之后会发现自己开始懂得尊重孩子的独立空间和自我边界。我在很多地方曾经说过，中国人是非常有意思的，一方面不喜欢别人侵犯自己的边界要自我保护，另一方面又喜欢侵入别人的边界，窥探、参与和控制。亲子关系很大程度上属于这种类型，所以我提倡孩子越是进入青春期、越会出现问题，家长越要冷静，学会闭嘴。闭嘴的同时，如果不是孩子求助，尽量不要直接插手。要知道，主动伸出的援手往往不如求助得来的帮助更值得珍惜。如果担心孩子自尊心过强不好意思开口，家长提前和孩子做个约定就好。

家长都可以试试把想说的话写下来。鼓励家长与青春期孩子进行书信文字交流的原因，不只是白纸上落下的黑字可以一看再看，还在于其最大的功能是让原本可能脱口而出的不中听的话因为落在纸上的缘故变得稍微理性与温和。而且经过推敲的文字经由笔墨确定下来，其中的分量也会增加几分。与书信功能相似的还有电子邮件。

家长都要学习接受孩子的双重情感。人类的情感从来都是多维的、复杂的。有爱的地方往往有恨、有羡慕的地方往往有嫉妒、有热情的地方往往有敌视、有信心的地方往往有担忧。这些情感的双重存在是非常合理的。家长要学会接受孩子的双重情感，不要过分担心也不用感觉对孩子愧疚。理性的接受和自然的表达才是对孩子最好的情感安抚与情感教育。认知情感、接受情感、引导情感是家长在孩子的情感教育中应做的事情。这样的情感接纳与引领能够帮助孩子了解他们的感情是什么样的，以及自己在情感世界里的需求是什么。对一个孩子来说，了解自己的情感比了解自己为什么有这种情感要重要得多。当一个人清楚自己的情感特点的时候，就像一个被整理过的房间，内心不会再感觉到杂乱无章。当外部世界的杂音、纷扰、诱惑冲击过来的时候，健康稳定的情感才会发挥出功效，成为一道安全屏障。

家长都要在逻辑上占领高地。知道当孩子逐渐长大、独立之后再审视自己的原生家庭的时候，决定孩子继续接受你还是远离你的是什么吗？不是经济水平，不是行为习惯，通常是家长所秉持的观念和逻辑。在这场没有硝烟的战争中，请家长们记住，战胜观念的是更高级的观念，打败逻辑的是更高级的逻辑。所以，从成为家长的那一天起就请你不要"人云亦云"，要具备独立思考和架构逻辑的能力，而且逻辑建立要经得起时间与环境的检验。所以，有大智慧的家长总是能赢得孩子长久尊重的奥秘也就在这里。要做到这点其实是不容易的，因为我们每个人都受到自身成长经历、知识见识、环境境遇的局限，也许能够一时不错但不能一直正确。有时当时觉得无比正确的，一个阶段以后可能又会觉得的确荒谬。我们可以反思自省，但孩子被干预过的人生不能退回重来，所以慢慢思考、先想清楚再张口教育孩子是比较要紧的，看不清楚、想不明白、没有经验的事情不要急着下定论和做决定。亲子关系中也讲究"谋定而后动"，谋不定就一起学习一起探讨，可能孩子更容易打开心扉或者会认真思考你的建设性意见。

（五）家长从对学习的简单关注中跳脱出来，注重培养孩子的自主性成长

总有人在说人生是单向行程，而且每个阶段有每个阶段的特点和任务，一旦错过了也许就不是走"冤枉路"那么简单了。我也承认确实人生最好是每一个阶段做好每一个阶段的最重要的事情，人生就是很完美的。但其实不完美的人生才是绝大多数人的人生。所以，我理解、承认但不强求。尤其是在面对身处青春期又同时承受着课业压力的孩子们时，我在理解家长的同时更同情孩子们。孩子们自身真正关注的事情没有得到很好解决，同时还要应对来自家长施加的关于学习的压力。有很多家长不惜重金给孩子请家教、做补习，用自己花出去的金钱和孩子花出去的时间来自我安慰、缓解焦虑。建议家长放弃"正面进攻"，而是采用"围魏救赵"的策略，把自己的关注从孩子的学习跳脱出来，全方位的关注自我成长和孩子的综合发展，特别是加强自律，给孩子做好榜样，同时注重对孩子自主发展能力的培养。这样的做法，最终受益的不仅是孩子的学习成绩还有孩子的综合能力与发展动力，以及和谐融洽的青春期亲子关系。

要培养孩子的自主成长意识与能力，当然还是要先尊重孩子是一个发展主体这件事，并且"把人还给他自己"。因为多年的经验已经告诉各位家长：只有孩子不想做而做不好的事，而孩子自己想做的事总是不会做得太差。所以，孩子要自主发展，首先要让孩子意识到事情是自己的，后果的承担者也是自己。而且在教育的过程中家长一定要真的舍得放手，就像小时候看到孩子跌倒鼓励孩子自己爬起来一样，允

许孩子跌倒但要自己站起来再前进。勤劳善良的中国家长，经常是小事上知道让孩子跌倒自己爬起来，大事上始终牵着孩子的手一路扶着走。本末倒置的做法值得我们警醒。

要培养孩子的自主成长意识与能力，必须从行为习惯和思维方式培养入手。与其因为盯着孩子学习而引发冲突，不如跟孩子商量商量如何改造一下孩子的房间，让环境更舒服，更适合生活当然也更适合学习。每个孩子都会有一些自己的特点乃至癖好，比如有人对座椅软硬高低有要求，有人对房间色彩有要求，有人对灯光位置明亮度有要求，有人还喜欢自己彩绘房间，等等。家长如果能够尽量尊重和满足这些要求，同时还能够引导孩子布置出更健康、更简洁的环境，效果会是不错的。从关心孩子健康的角度解决作业时长问题，要求孩子最晚入睡时间不允许过子夜。如果孩子被不能完成作业而困扰需要帮助的时候，家长再给孩子一些帮助，比如家长帮助讲解、适当减除一些孩子已经掌握且重复的内容、建议孩子优化在校时间、将做作业时间前置、与同学中学习好的结对子主动寻求帮助，等等。这样的帮助，孩子不会反感，而习惯的养成也就水到渠成了。人的思维方式是看似在当下无用其实关系一生的"利器"，思维方式是否高级与人的幸福感以及成就值是成正比的。所以，与其锁定学习不如训练思维。我这里所说的思维训练，不是指现在社会上流行的"脑开发"之类的训练，而是逻辑思维训练。我非常鼓励孩子们玩玩《狼人杀》之类的智力型桌游，也非常鼓励孩子们看看《奇葩说》这类的价值输出类综艺，更鼓励孩子们阅读一些历史书籍、人物传记，"以史为镜"看问题会更加全面。最值得鼓励的是遇到问题先思考，尝试突破自己的现有局限把事情分析清楚、思考明白再行动,这样的习惯养成会推动孩子不断主动前行。

要培养孩子的自主成长意识与能力,注意力与情绪的自我调节和收放是很重要的。有的家长可能会困惑,觉得孩子从两三岁就开始注意力训练,小学阶段也很顺利,情绪调节也没有问题,怎么现在还说要进行注意力和情绪训练呢?是的,青春期孩子的世界忽然从平面变立体,有太多可以分散注意力和干扰情绪的事情了,原有的训练和基础有可能被解构、被打碎,所以需要再一次进行注意力和情绪调节训练。在这里,我依然要强调对孩子进行目标教育,有了目标教育做基础的训练会更快速、更有成效。这一阶段的目标教育与之前提到的有所不同,这一阶段要完成的应该是锁定目标并开始发力。如果达不到这个效果,那就说明目标教育启动晚了或者成效不好,那家长就要做好接受孩子走几年"弯路"的思想准备了。孩子心中有个明确的目标与方向是这一阶段最好的成长动力。为了帮助孩子进行注意力训练,可以分析孩子的特点,看看孩子是视觉型、听觉型还是视听混合型的人,按照类型进行课业预习和复习。为了帮助孩子进行情绪控制训练,可以采用背景音乐辅助和艺术疗愈辅助的一些游戏手法,帮助孩子释放不良情绪,调动积极情绪。

要培养孩子的自主成长意识与能力,家长和孩子都要懂得"量力而行"的道理。每个孩子的特点不同、基础不同、目标不同,决定每个孩子的成长速度也不同。家长要看到的是孩子成长方向对不对,有没有一点点的自我超越,而不是看别人的孩子比自己的孩子强多少。每一次的目标设定,每一次的成果总结关注点都只能是在自己孩子身上,而不是别人怎么看、世俗怎么看。

（六）培养孩子的自我效能、自我成就感

青春期的孩子是眼睛向外看世界的年龄，是脚步向外走世界的年龄。越是这个时候，越需要巧妙引导孩子懂得修炼"内功"。自我效能是人对自身能否利用所拥有的技能去完成某项任务的行为的自信程度，所以也经常有人把它与自信心和自我成就体验联系在一起。"自我效能"这个说法是 20 世纪 70 年代美国心理学家班杜拉提出来的。我选用这个概念的原因是人的发育到了青春期阶段，就不再像小孩子除了对事情结果的期待，还多了一份对过程中自我能力发挥的期待。有时候事情结果很糟糕，但孩子的情绪还不差，有时候事情结果很好，孩子却很懊恼，那在其中发挥作用的就是实际过程与自我效能期待之间出现的偏差了。自我效能高的人，期待与标准高、遇事冷静理智、乐于接受应急情况的挑战、能够控制自暴自弃的想法、能够在不同情况下稳定发挥出自己的智慧和技能。身处青春期的孩子自我成长、课业学习、社会活动任务和压力都会呈现裂变式增长。提高自我效能就像是给一条沟渠引进活水、加入泵闸，目的非常明确，就是增强动力、保持活力。

在改善和培养孩子的自我效能方面，家长需要做好六个方面的工作。第一，要积累成绩经验。一个人的成绩、经验积累得越多，自我效能必然越好。聪明的家长是懂得创造情境、提供机会的，来帮助孩子不断积累经验、提高成绩，从而提升孩子的自我效能。第二，要形成替代经验。很多时候、很多情况我们不可能有处理的经验却需要面对。这种情况下替代经验的形成就显得非常重要了。能够形成替代经验的可以是所见、所闻、所学，对可替代的经验信息把关、过滤就成为非常重要的

环节。要跟能称为榜样的人学,跟科学规律学,跟观察到的方法且证实方法有效地学。因此,在替代经验中家长的示范也显得非常重要。第三,要培养想象经验。人具有一种神奇的能力,就是把没有经历过的场景通过头脑想象推演过程,反复调整、纠错以达到现实经验并获得自我效能。在参加一些社会活动、才艺展示之前这样的做法非常有效。第四,要擅长口头说服。这是一种获得感比较弱但家长又必须掌握的方式。虽然当下被家长们使用比较多,但技巧和水平参差不齐。需要提示家长的是,自我效能培养的口头说服通常以鼓励为主,但面对青春期的孩子,切忌鼓励的空洞,比如"你最棒! 你行的!"孩子会觉得家长拿自己当小孩子,有敷衍的成分。这一时期的鼓励一定要言之有物,比如"上次你有过经验, 这次时间把握上稍微紧凑点儿就会成绩不错""你心态比之前稳,这很重要,保持住会结果不会差",等等。第五,要调整生理状态。任何人在睡眠不足、心跳过速、手心出汗的状态下所呈现给人的身心信息都不会是最佳的。反之,良好的生理状态会提振人的信心和勇气,有助于好的结果与好的效能的生成。大考之前家长们都会想尽各种办法调整孩子的生活节奏,使其尽量保持最佳的生理状态就是这个原因。第六,要调节情绪状态。要形成良好的自我效能,人的情绪可以是平和的,也可以是相对亢奋的,但不能是消极的、抑郁的。在"我不行"和"我能行"这两种情绪影响下的人的行为效果会大相径庭。所以,家长要长期把注意力放到孩子的情绪调节上去。

　　所有的自我效能实现都需要伴随价值观的明确与意志品质的形成。特别是青春期阶段,更是价值观与意志品质形成的关键阶段。这才是值得家长关注的事情。价值观作为人在世间行走的工具与目标,施普兰格把它分为六个板块：理论的、经济的、审美的、社会的、政治的、宗教的（信仰的）。见田宗介把价值观的最终行为呈现总结成了十三种模式：中庸型、达观型、慈爱型、享乐型、协同型、努力型、彩色型、安适型、容忍型、克己型、冥想型、行动型、奉献型。帮助孩子建立尽可能全面客观和积极健康的价值观是家庭教育的职责所在，需要将价值观培养目标、培养过程、培养结果纳入家庭整体价值目标进行统筹。良好的意志品质是与人的一生发展息息相关的，需要从小开始培养。经过青春期以后，孩子的意志品质应该逐渐呈现以下特征：独立、坚忍、果断、自制。不随波逐流，能根据自己的认知与信念、采取决定、执行决定。有能力及时做出有充分依据的决定，并长时间坚持自己决定的合理性，为决定执行持续努力。善于掌控和支配自己的行动，情绪状态调节顺畅。

（七）尽可能满足孩子的兴趣爱好发展需要

很多身处青春期，尤其是青春期前期和青春期中期的孩子家长可能会存在心理矛盾，一方面承认人的一生可以有很多兴趣、爱好，有兴趣、爱好的人生才是有趣的，另一方面又不希望自己身处中学的孩子被兴趣、爱好占去太多时间，耽误了学业。在此种矛盾中，很多家长开始采取折中策略，劝说孩子中学阶段暂时放下兴趣、爱好，把精力投入学业中，告诉孩子等上了大学再玩，上了大学后说等工作了再玩。大部分孩子在家长、学校、社会现实等多重高压之下，会暂时放下这些。当然这其中也一定有孩子的惰性存在，所以也就顺着外界的意思暂时放下了。好多孩子这一放就可能放下很久甚至会放下一生。好多孩子真的把大学当成了娱乐场，报复性放纵自己，把最好的用来学习与成长的年华浪费了。

　　为什么我在这里要倡导尽可能地满足孩子的兴趣、爱好发展需要呢?学业这个现实问题又怎么办呢?还要回到动力与目标的问题上来,有兴趣、爱好的人给他(她)环境、条件,会让他(她)更快乐、平和,也会在未来的专业选择和工作选择方面更加明确、主动,可以说是好处多多的。纵使孩子的兴趣、爱好与专业选择和工作选择无关,也不影响孩子未来成为跨界人才。如果说,家长顾虑孩子因为兴趣、爱好占用太多时间而耽误学业,那其实也不困难,那就是提前与孩子做好约定并教给孩子时间管理的方法。相信我,当家长非常支持孩子的兴趣、爱好的时候,他会当你是自己人而真心尊重和遵从的,你会发现你支持了孩子的副业可能他(她)的主业也不那么让人操心了。再者,如果孩子的兴趣、爱好是超出常人的,那就更需要无条件支持。

　　对于青春期中期和青春期后期的个体而言,要想事业顺遂、生活幸福,大抵需要三个方面的非智力因素支撑,分别是动力作用、习惯、补偿作用。推动人持续前进的动力当然是兴趣,无论是学习理论、技能还是职业选择,兴趣都是最好的坚持下去的内驱力。研究表明,兴趣远比智力更能决定一件事情的结果。据说兴趣在人的成功因素中的荷重是智力因素的一倍以上。人的习惯来自主体原有的意志、气质等非智力因素以及重复练习的强度。至于补偿作用,是因为一个人的智力可能有所局限但其责任感、坚持性、主动性、自信心和果断性等意志品质,勤奋、踏实的性格特征,都可以弥补智力的不足。所谓"勤能补拙"就是补偿作用的体现。

（八）关于性教育部分其实不只是家长的责任，更是亲子关系的黏合剂

中国教育已经在非常迅速地完善和发展，性教育就是其中的一部分。大、中学校的生理卫生课程、性教育课程已经在不同程度地开展之中。而以中国人的习惯，性教育在家庭教育中总是比较避讳和含蓄的部分。其实，目前家长和学校所教授的性教育的内容是远远满足不了孩子的好奇心和身心发展需要的。所以，这一阶段的孩子会从网络上、文字作品中、网络游戏中去寻找自己的所要，也会出现"手淫"乃至出现不应当出现的性行为尝试。

提示各位家长，我们的家庭性教育是有传统、有技巧的。听过搞人口健康工作的朋友讲过关于中国传统文化中的"压箱底"，其实压的就是性教育的"小秘密"。这种教育针对的就是正处在青少年时期的孩子，尽管隐晦但还是尽责的。在社会高度开放包容的今天，对孩子进行性教育容易自然了很多。可以采用的方式也丰富、有趣了很多。不过，分工还是要有策略的。对孩子身体发育的细节关注和问题讲解是需要有所分工的，爸爸负责儿子、妈妈负责女儿。不过，方式还是需要探究的。很多生命科学的普及影片、科普书籍是能够有所尝试的。不过，程度还是需要把控的。关于感官刺激的部分，不是罪恶而是需求，但要让孩子知道关于过度的危害。切记，罪恶感不但不利于孩子的心理健康成长，反而可能造成恶性循环。所以适当和适度是非常重要的性教育标准。

面对这一阶段的孩子、家长，不妨分享一些爱情和婚恋故事。不是说有共同的秘密是快速拉近关系的好办法吗？对孩子更是如此。比如

自己曾经纯真而且蠢萌的初恋，当然主要是分享身心感受而不是八卦旧闻。当然如果能够引导孩子说出他(她)的情感经历以便于家长的因势利导就更好了。再有，关于危害部分可以寻找契机或者利用社会新闻、他人故事引出话题，作为家庭茶余饭后的讨论话题，顺便抛出家长的观点以及教育目的，也是孩子比较好接受的方式。

好的性教育会让孩子觉得安心、坦然，对孩子未来的婚恋也可能起到指导作用。比如，我们从中学起就开始跟孩子分享性心理，常常聊起什么样的男孩子更受欢迎，什么样的女孩子更有吸引力。如今孩子进入青年期，不但清楚自己喜欢什么样的，也非常清楚我们家长喜欢什么样的。在这样的心理作用下，他(她)会在选择自己喜欢的类型的时候考虑到我们的喜欢，择偶标准自然而然也就形成了。也许是因为青春期聊得比较好，所以到孩子青年期的时候我们基本就不再谈论这个问题了。

(九)青春期疾病的疗愈要用特殊方法

我还想介绍一种属于这个阶段的心理疾病给各位家长。没错是疾病，按说做心理和教育专业的人，就目前中国的心理治疗现状来说是不轻易触碰疾病这个范畴的，但是现在分享的这种疾病明显更适合通过专业心理咨询和教育类专业人士的帮助来解决。这种疾病的名称叫青春期型×××症，×××可以填写各种词汇。比较常见的是青春期型焦虑症或青春期型抑郁症，比较严重的是青春期型精神分裂症。按照中国精神疾病诊断标准(CCMD-3)，青春期型精神分裂症是被分在精神病类型的，所以此次不在我们讨论的范围。临床心理学认为青春期型的心理疾病多数是由外界重大打击造成的，除此之外也和性格、思想及青春期的阶段性情绪有关。我们来解读一下什么是重大打击，如何界定呢？我可以负责任地告诉大家重大打击是有标准的，但是造成青春期型疾病这个是没有标准的。个人觉得美国心理学界提出的"满杯原理"的解释比较适合一些，意思就是人生犹如一个水杯，杯子空着的时候可以往里面加水，但如果水杯的水变满了那就要面临水满则溢的情况了。这个即将溢出的点是临界点，而触发这个临界点的打击就可以称之为重大打击了。因为这个事件引发了"质"的改变。在这个过程中，对孩子来讲经历了一个相对长时间的折磨，唯一的差异只在于对家长而言只是一个关心爱护孩子的过程。这是一种典型的二元对立关系过程。家长可能认为孩子危言耸听，但是孩子希望可以达到闻者足戒的效果。

　　我曾经经历过这样的案例。一个初二的男孩因为贪玩，放学后和同学去踢足球了，很晚才到家。因为贪玩屡教不改的男孩回到家之后先是被爸爸一顿"胖揍"，然后被妈妈拉着进行了长达三个小时成长史回顾。妈妈声泪俱下地从孩子被辛苦孕育讲起，但最后的结果不是孩子悔过而是孩子"疯"了。不是玩笑，是真的。只是这个"疯"了换一个专业的说法就是狂躁了。孩子出现狂躁的时候本应该加以安抚，或者第一时间找专业人士处理疏导孩子的情绪，但是这个家庭没有。由于家长的认知不足，爸爸第一时间的反应是孩子还没被打服，要是这次镇不住未来可能就管不了了，所以继续对男孩进行痛打，这次就升级为男女混合双打了。在打的过程中，孩子寻找时机冲出家门，被抓回后继续打。到底打了多久家长也说不清楚了，因为据家长描述当时他们的情绪也失控了。总之结果以孩子道歉承认错误,家长觉得这次教育很成功暂告一个段落。爸爸当时的心理活动是:"棍棒之下出孝子"的说法是正确的。但是问题随之出现了,在之后的很多天里孩子一直情绪低落,妈妈试图去缓和关系,但是无论是物质满足还是好言相对都没什么变化,家长在老师的帮助下找到我的时候,孩子在被打瞬间是否出现了应激障碍已经很难判定了,但是在我面前的孩子肯定出现了严重的情绪抑郁,于是只能建议到医院就诊。据后来反馈的结果,孩子被诊断为青春期型抑郁症。孩子的父母边反馈情况边哭得撕心裂肺,用含糊不清的语言跟我表达懊悔,说他们真的没想到这样一件在家里经常发生的事情导致了严重的结果。家长比之前明白了很多,但孩子的人生道路注定要蜿蜒曲折几年甚至更长,却是无法回头的事实了。

伴随青春期同行的这些阶段性疾病,下一次与年龄关联就是更年期了,而与身体状况关联是女性在生产前后。这几个在特定时期会集中爆发病症的主要原因是身体变化与心理调适之间的不匹配。从医学资料里能查到关于这些病症的症状特征,也建议发现问题不对就要求助专业心理医生进行治疗干预。但同时也想说有些医生也代替不了的工作,需要家长去做。

这几年,我接触到越来越多的误诊案例。一方面我理解医生的自我保护,要把问题的严重性告知患者及家长;另一方面也看到仅仅靠心理学或者医学的片面知识是很难准确判断病情的,对人的解救需要医学、心理学,更需要教育学、社会学知识。面对已经或者可能出现疾病的孩子来说,希望家长暂时放下对孩子的其他要求,真正像照顾病人的样子去对待孩子的疗愈。家长要清楚,青春期的这些病症确实有自我疗愈的可能，但一旦发展下去也确实会形成严重病症，影响一生。即使自愈，曾经在青春期经历病痛的孩子在遇到问题和突发状况时往往比其他人更容易产生情绪反应和心理冲突。这种影响会作用到青年期乃至中年期。在照顾和陪伴的时候，家长一定要陪伴孩子坚持至少一项体育运动，游泳、跑步、骑车，什么都好，这也是当下很多年轻人喜欢打泰拳的原因，既锻炼身体又宣泄压力和情绪。

家长还可以教孩子一些自我心理暗示的方法。可以借助瑜伽进行气息调节训练。可以放上舒缓美好的音乐进行冥想打坐。可以利用心理暗示告诉自己事情最糟糕也就这样，告诉自己一定可以战胜困难。因为目前中国抑郁症发病率很高，所以家长们也可以试试看。这么多年来，我看到很多很优秀的孩子因为青春期的这些病症终止了学业，浑浑噩噩、辛辛苦苦混生活。也听到很多关于因为这些病症导致孩子自杀和犯罪的事件，每次都觉得心头添了一道伤疤，很久不能愈合，心疼这些孩子更心疼这些无望的父母。青春期的这些病症，需要家长正视和专业治疗。青春期的这些病症又不像其他病患，更多的还是需要家长恰当的爱、超极限的包容、感同身受的理解、锲而不舍的陪伴和充满正能量的引导。

（十）牢牢守住德育教育第一道防线

关于德育教育，我要说其实这才是所有教育内容中最重要的部分，所以把它放到最后说。当今的中国家长往往有一个误区，提到德育会认为这是学校的事情。其实不然，德育教育是全社会的事，尤其是家庭教育的事。记得习近平总书记在接见全国文明家庭时特别强调，好的文明行为的养成主要在家庭。也有很多人可能会觉得一谈德育就上纲上线，就高标准严要求了。其实不然，德育教育更多的其实是底线作用，是家庭关系建立的根基、堤坝，是构建亲子关系的基础。拥有良好德育教育的家庭，孩子不会把家长的辛苦付出当作理所当然，不会觉得自己得到的永远不够，不会觉得总是想逃离原生家庭。拥有良好德育教育的家庭，家长是孩子的表率，孩子有自己独立的思想，同时亲子关系健康融洽。所以，德育先行不是口号，从现在做起也不仅仅是建议，这是要求，是家庭稳定、生活幸福的要求。

德育教育是以人的情感、认知、意志、行为为整体呈现的，以认知为起点、以行为为终点。家庭中根据亲子关系影响的特点，家长通常可以采用的德育教育原则有榜样原则、说服原则、知行统一原则、依靠积极因素原则、尊重信任原则、一致性与连贯性原则。

在这里我要和大家着重交流的是关于德育教育中的"依靠积极因素"以及"知行统一"问题。"知行统一"是这一阶段孩子成长需要解决的问题。道理说起来一套一套的，做起来却不是那么回事的孩子不在少数。所以，让孩子把说的做了是很重要的。做点儿有仪式感的事情，帮助孩子强化自我承诺。比如每年生日给明年的自己拍一段生日寄语，承诺十件事情。比如通过熊猫慢递给三年后的自己、上大学的自己、大学毕业的自己写封信，信上提出十个要求让未来的自己去完成任务，等等。下一年的生日也要有回顾有回应，把没做完的做个决定是否延后到下一年，但无论如何三年内要么完成要么替换。利用 16 岁和 18 岁，给孩子举办成人礼仪式。可以包括中西文化不同形式，但内容都不只是庆祝而要更多的涉及礼仪、承诺、目标、情感、法律。我身边的朋友的孩子在中小学,留学前我送上的礼物就是一次禁毒参观与禁毒知识讲座,特别是中国规定的毒品范畴要比西方国家严格,更要孩子们清楚知道。我会请人给孩子们分享被毒品残害了的青少年的人生故事,这一段很多人都多年难忘。而且事实证明孩子们没有一个人碰过毒品。而每每孩子们回国跟我说起身边很多同学吸毒的事情我们都会唏嘘和庆幸,有仪式感的教育方式往往让人记忆深刻,而且容易内化于心、外化于行。

接下来再谈谈关于"依靠积极因素原则"的问题。教育当然是要依靠积极、消除消极的,如果积极是白色的、消极是黑色的,那我重点要跟大家谈谈关于"灰色"的部分。教育中的"灰色"是能够了解消极、知晓丑恶,不同流合污但能够保护自己的部分。还记得一个故事,一个医生妈妈从孩子出生就将其放在近乎无菌的环境中养育,结果孩子进入学校之后身体很糟糕,没法适应群体生活。我们在生活中也随处可见很多做商贩的爸爸妈妈把孩子随手带在身边,孩子吃百家饭,随处卧睡却身体很好。德育教育也一样,要让孩子知道世界上不止美好还有丑陋,如果孩子们有防范意识和方法,拐卖、敲诈、性侵等泯灭人性的事件,会不会减少很多呢。

在亲子关系中,家长确实是要为关系改善主动更多、改变更多的一方,但这也没什么可抱怨的。因为作为父母,我们最大的需求就是被自己的孩子需要。而作为孩子,他们最大的需求就是努力不再需要我们。所以,谁在一段关系中需求更多谁就要付出更多。这是一对矛盾的、辩证的、统一的关系。这段关系的改进密码由亲子双方书写,由家长进行密码修改。

在本讲的最后，把我对孩子的话写在一封信里，送给父母，也送给亲爱的处在青春期的年轻朋友们。

年轻的朋友：

恭喜你站上了第一个人生节点，往前走吧，人生最美好的一个阶段正拉开帷幕，向你开启。如果你和爸爸妈妈之间彼此深爱着对方而且都不让对方操心，那么恭喜你的家庭幸福得让人羡慕。如果不是这样也没有关系，因为原生家庭存在问题并且带来伤害的概率是95%以上，要不为什么要给人类的配方里加入自我疗愈的功能呢。所以，不要因为爸爸妈妈善意的伤害放大委屈、折磨自己。你要相信，在这个世界上爸爸妈妈是爱你最多的那个，家庭真的是每个人最温暖的港湾。人这一生经历的事情很多，谁都不能保证自己不会受伤和跌倒，要相信，在最艰难的时候能够最无私地站在你身后的往往是父母，而且据说做亲人的缘分只有一次，好好珍惜你们共有的时光吧！

当然，我知道无论外面风雨再大，你也会坚定前行。所以，请你务必给自己设定至少一个目标，无论大小。有理想的人生必定是丰满的！人的一生可以没有理想，但不能失去方向。虽然这个阶段你身心都不轻松，但看看身边一样脚步不停的小伙伴，想想自己未来的样子。感谢你今天的努力，更希望未来的你能够为感激自己拼尽全力。一个有目标的人，是要通过态度的坚决程度和成长的正向速度决定未来是否能够"得偿夙愿"的，而一路走来，风景诱人、岔路众多，请收敛心神，专注前行，坚持、坚持、再坚持！

我也非常了解你有一颗渴求成功的心，虽然此刻的你所理解的成功未来会被你自己重新定义，但不要紧，我知道你渴望成功。很多人跟我说，马云很帅。我高兴你喜欢马云并渴望成为马云的心情。那么选择至少一项运动坚持下去吧，让自己用结实的身体抵抗世界的"暴击"，要知道在真正的强者面前，什么都有可能低头认"怂"。还有，请你用心打磨自己的性格，这个世界没有谁有义务总是看你脸色、哄你开心，就是爸爸妈妈其实也做不到。一个人不可能一直得到，当然也不可能一直失去，学着放下得失，多问问自己的努力是不是够了，是不是有机会的时候还能够再尝试努力一把，不言放弃？聪明的人从来都是自己情绪的朋友，与各种情绪和谐共处，让自己能成为大家不讨厌甚至欢迎的人。不卑不亢、与人为善，人在被世界需要之前首先要被自己需要，在拥抱世界的时候记得常常拥抱自己，可以自恋但别过分就好。

接下来说说你最在乎的友情和爱情吧。人这一生接触过的绝大多数人都只能被称作"邻居""同学""同事""熟人"，因为朋友这个称呼太过珍贵。除了朋友以外的其他人会在人生路上陪你一小段，朋友会陪伴的长一些，甚至超过亲情和爱情。所以，选择一些优质的、值得珍惜一生的人做朋友吧。朋友是可以陪你哭、看你笑的人，朋友之间也会有分歧、有暂时的分开，不用担心但要拿出真心去保护好对方的心，让友情能早点"回家"。关于爱情，非常美好。但这一阶段的只在喜欢层面，只有非常喜欢和比较喜欢的差别，所以可能时间不长、可能"朝秦暮楚"。也许你们的感情未来可能走成爱情，也可能走成友情，无论怎样都好，只是别错把阶段性的事情当成一生的事情去用力，忘了自己其他的任务和使命，结果真的耽误了一生。无论友情还是爱情，最在意的是志同道合，讲究的是灵魂同行。

最后再跟你说说爸爸妈妈的那点儿小心思。其实,爸爸妈妈对你的需要和依恋远远超过你对他们的需要和依恋,只是爸爸妈妈既不想承认更不愿面对。他们是"纸老虎"。所以,他们会跟你花言巧语,会对你用尽心思,会希望你给他们增光添彩,但归根结底是希望你好的同时还能爱着他们。爸爸妈妈不过这点儿小心思、小需求。他们其实也不容易,你也有为人父母的一天,也许能更加体会他们的心情,但这不妨碍你现在跟他们多聊几句,他们爱听;跟他们多笑一笑,他们爱看;跟他们报喜,他们骄傲;跟他们报忧,省得他们瞎猜。爱他们多一点,世界瞬间和谐一片,你试试,也不难!

 网友问题互动

网友:如何帮助单亲家庭的孩子走出心理困境?

我:首先需要家长达成相对一致的协议,比如不相互攻击对方,比如双方提前约定好分工与配合方式,然后尽量遵守约定,这样做的目的只有一个,减小因为家长的无序和负能量带给孩子更大的困扰。其次需要主力抚养孩子的一方调整好自己的心态和状态,既要尽量让孩子得到相对完整的家庭呵护,同时又要避免补偿心理导致呵护过度。再次孩子自身的创伤需要一些时间和一些方法进行抚慰,以免形成障碍造成日后的深远影响。比如明确告诉孩子父母的爱不会改变,比如询问孩子怎么安排是他最能接受的,比如陪伴孩子度过适应期以及宣泄期,比如找一种孩子喜欢的宣泄方式加以利用等。

　　网友：穷养儿富养女科学吗？当下还可取吗？

　　我：算是教养方式之一，自然有利有弊，并非不可使用，关键在于如何理解、如何使用。我理解所谓穷富不是单纯指向经济投入而言的，而是见识与磨炼层面的代名词。所谓穷养儿子是指应该给男孩子多一些有意识地锻炼、承担与考验，以及适当地挫折训练。比如从小让他出门旅行，自己拿行李还要尽量照顾爸妈拿行李，稍大一些比如让他帮着家里处理一些去居委会办理手续等需要协调的事务工作，再长大一些帮着爸妈安排外出行程以及安排家里装修等工作。鼓励孩子上学期间勤工俭学、自主创业等。给孩子空间让孩子敢于试错、敢于面对失败。所谓富养女儿是指让女孩要多一些见识、多一些阅历、多一些社交，让女孩从小有主见、有品位、有目标，无论是学业、事业还是婚姻的选择都能有自己的定力与坚持。

第六讲 冲突与解决

亲子关系因其血缘性，所以可能是一生的牵挂，也可能是一生的纠葛，亲子关系中不可避免和必须解决的是矛盾冲突的部分。亲子冲突产生的原因是家长与孩子之间在目标、观念、需求、意见、期望上由于彼此的不一致而造成的双方在认知、行为、情绪上的矛盾与对立。

一、亲子冲突是种考验

亲子冲突的产生与解决的过程，对孩子、家长、家庭都是一次"抗震"与"加固"情况的检验。

亲子冲突的产生与解决的过程，考验着孩子的抗挫折能力。每个孩子都希望得到家长的认可与支持，无关年龄。每个孩子都希望努力生长并独立做好每一件事，没有例外。只是因为其内在力量不够或者知行出现偏差，所以暴露了一些不足或者问题。家长希望能够帮助孩子改善的动机是好的，但时机、方式可能是孩子不愿意接受的，所以才会产生冲突。当冲突爆发以后，孩子处于被批评、指责的位置。而且随着冲突程度的不同,其中的批评、指责难免会被夸大和有失客观。所以,无论冲突解决情况如何,只要冲突在持续、在反复,就会对孩子的心理造成很大压力,尤其是对孩子的抗挫折能力是很大的考验。让我们来看看,当孩子在不断面对批评指责的时候,需要具备哪些超能力? 一是需要不会因此轻易否定自我、放弃自我;二是需要能够客观冷静地分析自我、认识自我;三是需要能够理解家长、谅解家长;四是需要能够修复与家长之间的亲子关系而且做到及时、无痕。这对成人来说尚且困难,何况是孩子。所以我说,亲子冲突对孩子而言是巨大的考验。

亲子冲突的产生与解决的过程,考验着家长的情绪控制能力。很多家长感慨,养孩子是一种"痛并快乐"的矛盾。尤其是在冲突产生的时候,往往会身心疲惫、情绪低落。亲子冲突往往是因为孩子引起的,无论是孩子的问题,还是孩子的对抗。但亲子冲突的升级,却往往是因为家长的情绪失控。常常有家长在冲突之后懊恼,如果不是孩子当时的这个举动刺激了我,我也不至于会有这么失态的表现。因为孩子本身处于成长发育的不成熟阶段,出现一些情绪或者思想方面的问题,属于正常现象。作为已经相对成熟的成年人,特别是要给孩子做出榜样的家长,对亲子冲突的产生与解决起着决定性的作用。家长情绪控制得当,是避免亲子冲突发生的关键要素。即使因为双方分歧过大致使冲突不可避免,家长能否控制好情绪更是直接影响亲子冲突解决结果的首要条件。当家长在面对冲突的时候,如果能够尽量保持理性、客观、温和的态度,不但能够降低冲突的数量与冲突的程度,更能让孩子学习到正确的解决冲突的办法。所以家长无论多么辛苦、焦虑无助,也都需要收拾好心情，用理性的方式解决问题。这是一种考验，也是倒逼自己不断修炼"内功"的办法。

亲子冲突的产生与解决过程，考验着家长的问题解决能力。当亲子冲突不可避免的时候，我们会发现孩子的方式、方法往往是简单直接的。纵使孩子具有了一定解决问题的能力，为了达到目的花了一些心思、技巧，在成人看来也往往是比较稚嫩的。所以要想妥善解决冲突，甚至将不利转化为有利，通过冲突提升孩子的认知能力以及家庭和谐程度，就取决于家长解决问题的能力了。家长如果能够用超出孩子认知的方法和见识来引导孩子发现问题，或者用诚恳的感受分享来呈现问题，那问题解决自然会轻松一些，也更容易让孩子对自己产生崇拜感。反之，如果家长解决问题的方法，在孩子看来与同伴之间解决问题的方法没有什么差异，甚至家长在态度上会更加恶劣些，那么家长就无法树立自己的权威。试想一下，当孩子用平视的眼光来看待家长的能力，用鄙视的眼光来看待家长的态度，那对于解决问题来讲无疑是雪上加霜。两种不同的方向，自然会引导出两种不同的发展结果。无论是对孩子的成长，还是对亲子关系而言，家长解决问题的能力才是解决亲子冲突的核心要素。

亲子冲突的产生与解决的过程，考验着家庭亲密关系与亲子关系的基础状况。任何冲突一旦产生，都会对原有关系形成冲击。亲子关系因其难以分割性，冲突之后的结果一定会指向原有的家庭关系。冲突解决相对圆满的，对原有关系可能会有所裨益，至少不会损伤。冲突解决不当的，自然会把问题带回原有关系，形成问题延续或者新的问题。平心而论，冲突一旦产生，能够非常圆满解决而且不会遗留问题的比例微乎其微。绝大多数家庭在冲突产生后,都会留下或多或少的伤害与隐患。这对于家庭成员间的亲密关系,特别是对亲子关系的基础情况、稳固程度、质量高低,就形成了巨大的考验。只有亲子关系良好的家庭,在偶尔发生冲突且能够相对妥善解决的情况下,才不会对家庭成员关系形成不良影响。我在儿子大学阶段,自己也开始变得异常忙碌,再加上因为与孩子思想认识的差异迅速加剧,所以产生了一些分歧乃至冲突。但我们两个人会开玩笑跟其他人讲,我们两个人吵架,谁也不要参与,谁也不要劝架,免得伤到你们。这是因为我们两个人都从心底深深知道,我们只是观点不同,但都深爱着对方。我们只要达成认识就没有其他问题了。当然,我还是意识到了自己情绪管理与沟通方式的问题,进行了自我调整,把冲突提前避免。他也因为对我的迁就不断调整沟通方式,用比较风趣幽默的方式尝试化解我俩之间的问题。

二、冲突的类型

人从出生后的几周开始就呈现一些与遗传无关的气质特点,且具有不断增加和增强的趋势。这表明每一个人都是一个独立的个体与完整的世界。同时,每个人都在成长过程中越来越渴望摆脱束缚,不被干扰。既有愿意分享出来的苦恼与快乐,也有不愿分享出来的空间与秘密,我们每一个人都这样走过。有趣的是,当我们作为孩子的时候,我们希望得到包容与尊重。当我们作为家长的时候,我们希望得到理解与顺从。我们常常是刚刚摆脱自己的家长就开始束缚自己的孩子,理智上明明知道孩子应该开始独立却又在情感上觉得还很弱小,需要自己的全方位保护。在自我矛盾与冲突中前行的家长，难免与孩子发生矛盾冲突。我经常与前来诉苦的家长调侃：我们连自己都没放过，又怎能轻易放过别人呢。

言语冲突：家长和孩子因为在认识、情感、思想等方面的分歧与矛盾的激化采取的语言上的对抗。通常从分歧开始时就相互争吵或言语攻击，结果往往是相互伤害，而且冲突不能及时解决。这类语言冲突往往子女是主动发起者。比如，家长过问孩子交了什么样的朋友，孩子不耐烦地说：你别管。家长不满意说：你分不清情况我帮你分析分析。孩子反感说：你懂什么，还没我知道的多，不用你管。家长的语言升级引发了一场亲子冲突。

行为冲突：往往是继语言矛盾产生后产生的更为激烈的冲突，表现为拳脚相加，甚至物体攻击。这类冲突通常由家长发起，由于沟通的目的达不到预期，而表现的一种不理智的举动。比如上面说的冲突，如果家长脾气急躁一些，一旦控制不住上手推搡或者打了孩子，孩子可能会屈服也可能会还手，这就形成了行为冲突，矛盾也顺势升级。

隐性冲突：所谓隐性冲突是类似通常所说的"冷暴力"之类的冲突，虽然用行为的方式体现，但没有直接的肢体接触。一般会表现为逆反、沉默、回避、自闭、离家出走等。大多是心理的活动与冲突。比如，依然是上面的冲突，行为冲突之前或者之后都有可能因为言语冲突而彼此回避交流，甚至出现孩子离家出走的情况，这在当下的亲子冲突中已经成为屡见不鲜的情况。

三、冲突不完全是坏事

调查显示,超过 80% 的家庭存在比较明显的亲子冲突。亲子冲突的存在对家庭关系会形成很大的影响和困扰,但也并非洪水猛兽,在一定范围与一定程度上存在积极意义。

适度的亲子冲突有利于儿童社会性的发展。一些专家学者基于精神分析与社会学理论提出了关于亲子冲突的适应性意义的解释。也就是冲突通过家长和孩子的心理活动过程以及双方互动过程,促进亲子关系的变化与适应。对于亲子双方尤其是孩子来说,适当的冲突可以增强个体自主性。同时,在亲情的依托下,孩子会更勇于尝试解决冲突。这种尝试的过程有助于其沟通表达能力、情绪控制能力、换位思考能力的发展。孩子往往从与家长的冲突开始走向社会化的进程,适当的亲子冲突是关系磨合,在加深家长对孩子了解的同时开始适应教育方式,这个过程将有利于推进孩子的社会化发展。

适度的亲子冲突有利于增强孩子的自我意识发展。自我意识的形成与自我能力的发展一定是从家庭这个稳定的小群体中开始起步的。自我发展与亲子冲突之间相互制约。孩子在家庭中逐渐发展起来的自我意识会因为与家长意愿之间产生分歧而引发冲突。同时,分歧与冲突的发生也会激发孩子更强烈的自我意识的成长愿望与能力形成。每次冲突之后,也会促使家长更自觉地按照独立个体的视角去审视孩子的成长,并以此调整自己的亲子互动模式。

适度的亲子冲突有助于家长发现自身不足以及检查修正。借由亲子之间产生冲突和解决冲突的过程，家长往往更能了解孩子的需求，认清自身方式的不足，统合双方现状，确定差距、连接基础，进而尽量找到能够平衡双方的解决方式。双方将通过问题的解决分享感受、促进沟通、达到和谐、增强预见，让家长与孩子共同成长。

亲子关系的冲突部分虽然很难避免但可以把控频次与程度，让亲子冲突的积极作用更加充分发挥。如果亲子冲突控制不力，其对家庭带来的伤害与负面影响也将是很难弥补的。

不当的亲子冲突必然会影响家庭关系和谐。亲子关系良好的家庭，在家长的俣护下孩子可以安心、愉悦地学习知识技能、成长身心。但当亲子冲突频繁或者激烈的情况下，处于弱势和容易受到伤害的往往是孩子。只是孩子在弱势和伤害之下通常会以封闭、扭曲、伤害自我作为寻求平衡的突破口，从而引发更大的家庭矛盾隐患和冲突升级，甚至会发生一些极端事件。因为亲子关系冲突裹挟的亲子之间、夫妻之间、三代人之间、两个家族之间的矛盾纠葛也会影响家长的相互关系与情绪状态，也会出现很多因为家庭关系牵绊而无心工作造成事业损失的情况。所以，家长如果能够尽早认识到这一危害，有助于化解亲子冲突、改善亲子关系，进而促进亲子关系和谐发展。

不当的亲子冲突容易引起孩子的极端行为与行为障碍。显而易见，孩子的不良行为与极端行为究其根源通常与原生家庭关系密切。除少量特殊经历的孩子外，在健全家庭中长大且行为问题严重的孩子，回溯成长经历，基本上孩子与家长都存在紧张的亲子关系或者严重的亲子冲突。许多儿童及少年时期积累的问题如果没有得到很好的解决，到了青春期及青年期往往会以强而有力的爆发方式反弹或者报复，以至于会将亲子关系推向更恶化的方向，甚至会做出一些不理智的选择，耽误发展。也有的孩子会向内压抑，以致于形成心理与行为疾病，影响正常学习和生活，让家长苦恼不已且很难弥补。如果家长能尽早意识到这一点，将有利于控制自己的情绪与冲突的程度，降低对孩子的伤害，确保孩子能够健康、快乐地成长。

四、分享几个案例

我给大家分享三种冲突的时间形态。依据冲突存在的时间及特征，基本可以分为即时冲突、短期冲突和长期冲突。所谓即时冲突是指事件突然，冲突相对明显，解决也很及时，一般不超过一两个月。短期冲突一般事件发生和解决需要一个过程，时间通常不会超过一年。长期冲突一般从酝酿到发生再到解决整体过程比较漫长，大致需要两三年甚至更长的时间。

介绍一个写在我案例本上比较早期的案例吧，选择这个案例是因为这是我第一次尝试去解决心因性问题，而且孩子的感统问题是通过改善亲子关系加感统训练的方式得到圆满解决的。这是一个即时冲突的案例，具有临时发生又能够及时解决的问题。我为这个案例起的名字叫作"附体"，一个比较唯心的名字，但是这个名字既不是我提出来的，也不是来求助的孩子家长说的，而是家长无数次求助过的一家医院的医生说的，我用来做了案例标记。那是在很多年前，一个刚刚准备休假的早上，一位母亲急急地找到我，还没坐定就开始哭诉。孩子每天早上在家没事，临近学校也没事，只要是走到学校门口就开始呕吐。一开始,孩子的家长没有太当回事,觉得可能是孩子早上吃的东西有问题,就带着孩子回家休息了。这样的方式最初确实挺有效果的,孩子回到家后躺下睡一会,就慢慢开始恢复精神。转天再送孩子上学的时候,家长刻意没让孩子吃得过饱,而且在吃完早餐后,还给了孩子充足的休息时间,错过了到校时间才稳稳当当地往学校出发。结果大家想到了吧? 孩子到了学校门口再次呕吐起来。这次孩子家长真的开始着急了,担忧孩子身体是不是出了问题。马上带孩子到医院检查身体,结果没有确诊出什么明显的问题,医生给出的建议是休息一下。这时的家长和医生都把呕吐与身体关联而且把每次的呕吐作为相对独立的事件,没有关联成一个整体性问题。这次家长没有着急选择让孩子复课,而是给了孩子充足的休息时间, 也特别精心地注意孩子的饮食搭配,孩子几天无事。家长觉得可以了,所以再次送孩子到学校。同样的流程,同样的营养膳食,同样的餐后充足休息,然后送孩子到了学校,当走到学校门口的时候孩子再次呕吐了。孩子妈妈说她在这一刻崩溃了,她当时真的是惶恐孩子是不是有了不治之症。家长再次把孩子送到医院进行全面检查,医院也非常负责,特意组织了专家诊,最后的结论是身体健康情况良好,呕吐原因不明。

这样的事情持续了一个月,在这一个月里,爸爸妈妈动员更多的家庭成员包围着孩子去学校, 最终得出的结论为孩子确实不是装病,呕吐是真的。然后请一直给孩子看病的医生加入全程观察,医生的结论是呕吐的时候孩子的脸色非常不好,绝对病态的。但同时医生又不理解,为什么当孩子回到家中只要短暂休息,就可以恢复生龙活虎的状态,可以正常地嬉笑聊天,看电视,玩电脑,而只要到了学校门口,就开始脸色不好,然后开始呕吐,切换按钮到底在什么地方?医生下意识地自言自语了一句:这不是邪灵附体就是心理问题。其实孩子的问题是心因性呕吐。孩子呕吐的地点或者说孩子呕吐的分界线明显指向学校。这个时候呕吐原因就比较好判断了,一般情况下不是和厌恶学习有关就是和学校的人际关系相关。我首先尝试询问孩子的学习情况,妈妈哭得更加厉害了,孩子上学以来一直效率低下,老师反应孩子上课发呆,写作业极其缓慢,每天写作业大人孩子都像打仗一样,几乎是各种网络段子的集中体现。相信看到这里的时候各位家长就明白了,孩子有可能是用一种逃避方式来应对学习或学校。也许孩子第一次呕吐确属偶然,但当孩子呕吐后被接回家中并且得到良好的照顾,既不用去学校,又不用学习、写作业,还破天荒地出现了爸爸妈妈不着急催自己写作业的情况。年幼的孩子思维简单,他简单地把疾病、学校、爸爸妈妈的态度链接起来形成期盼,所以他身体生病也就从偶然变为了一种必然。当我询问孩子妈妈当年是否为剖宫产,得到的回答是肯定的,我判定这个孩子就是感统失调的人群。最后我又询问了孩子上学前后和家人的关系情况,家人反馈孩子上学前与家人关系良好,特别依赖妈妈,上学后孩子成绩不大好,一年级勉强过去,到了二年级作业成了最大的问题,整个家庭每天气氛都不大融洽,妈妈对孩子的态度忽冷忽热,孩子的爸爸与妈妈也开始经常吵架。

　　了解了这些基本信息后,我给了孩子家人三个建议:第一,去专业机构检查孩子是否存在感统层面的问题,如果存在问题便按专业方式训练治疗;第二,现在孩子身体出问题了,需要良好的家庭氛围,所以在未来一段时间内,无论发生什么事情,夫妻双方必须和谐,不能再吵架,这样不利于孩子身体恢复,如果实在忍不住想吵架,请下楼打明白了再回家,核心就一个,不能在孩子面前出现不和谐的场面;第三,从今天晚上开始每天晚上妈妈都到孩子房间去, 拿着孩子小时候的相册,给孩子讲他小时候拍的照片,本周讲的都是孩子小时候的趣事,不要做任何引导,只是单纯的有趣,多说可爱这样的词汇,未来会逐步地夹杂一些能够帮助孩子克服困难,努力解决问题的杜撰情节,用鼓励引导的方式慢慢重建孩子现在崩塌的自信心。我给的这三点建议,是解决三个层面的矛盾,即感统失调与学习之间的矛盾、由于孩子学习带来的夫妻矛盾、亲子关系矛盾。

心理学认为,人之所以会存在心理问题,主要原因是矛盾。当出现不能解决的矛盾,无论这个矛盾是与他人的,还是与社会的,或者是与自己的,人的问题也就随之产生了。以上面的案例为例子,我们来看看解决矛盾的作用与方法。

孩子出现的问题是自身感统失调与学习之间的矛盾。其实感统失调会对孩子全方面产生影响,只是家长更多关注的是学习而已。感统失调必然影响学习,因为感统失调的孩子大多会在上课的时候出现注意力涣散,听课质量差的状况而导致作业等诸多环节出现问题。感觉统合失调的孩子其实自身的学习过程也是比较煎熬的,与家长的煎熬并无差异,只是孩子不太有话语权和立场表达而已。比如他们的注意力不集中、精神涣散、发呆走神等现象,是感统失调中的耳脑配合失调。老师在课堂上说现在我们打开书的第五页看第三行,这个时候其他孩子开始去看书,而这个孩子耳朵听到的声音比其他孩子慢,声音从耳朵传导到脑子还比其他孩子慢,别的孩子已经看书第五页第三行了,而这个孩子才刚刚打开书,孩子步步都比其他孩子慢,就只能通过回想刚刚老师的话来完成指令,所以这个时候孩子看起来就是一个精神涣散,或走神发呆的状态。写作业缓慢则是手眼配合出现问题。孩子眼睛看到的文字传递到大脑,大脑指令传导给手,这个过程中如果手眼配合失调就会出现比正常速率慢的问题,孩子眼睛看完文字传递到脑子,脑子指令传导给手,这个阶段太长,孩子忘记了眼睛看到的东西,所以就不写而是开始玩了。或者就算是写,也会出现丢字漏字或串行这样让人头痛的问题。此外更多需要解决的是家长的问题。第二个和第三个要解决的矛盾是由于学习问题导致的家庭内部矛盾,就是夫妻关系与亲子关系。解决夫妻关系矛盾从构建夫妻和谐关系开始,要求爸爸妈妈不能吵架,引导他们转移注意力,都为孩子的康复考虑。

至于亲子关系之间的矛盾,同样是在感统问题得到改善后慢慢解决的。因为作业完成问题已经让亲子之间出现了疏离。如果不是因为有了这样的疏离感,孩子可能也不会把生病后被照顾的感受当作良好的亲子体验,而出现变态反应。所以我的第三条建议就是增加晚间亲子时间。这种方法多应用于 12 岁以下的孩子与家长之间的关系处理。做法就是讲故事,通过故事去有意识模糊孩子本来就片段化的记忆。各位家长不用担心,发展心理学告诉我们,孩子在 6 岁之前是没有完整记忆的,所以可以随意书写为其所用的内容。而这个讲故事与我们通常的图书阅读不同,要通过照片进行故事讲述,讲述的是关于美好亲情之间的故事。之所以要选择照片这样的媒介物,原因在于孩子看到照片是真实存在的事物,用真实存在的事物消除孩子对您杜撰事件篡改记忆的怀疑心,您可以在照片的帮助下把亲子关系描绘成一份完美的关系，以此达到修复现在已经出现的亲子关系问题的目标。从美好故事开始，坚持一段时间以后，要开始进行内容添加和深入引导。比如，在亲子关系之外逐步夹杂进一些孩子克服困难的故事，等等。时间节点的把握取决于孩子感统问题是否解决得差不多了，如果答案肯定，那么就可以去实施了。用途是通过强化鼓励的方式修复孩子的自信心。前面案例中提到的孩子家长一共咨询超过了 40 次，历时接近 10 个月。在此期间家长接纳建议为孩子办理了休学半年。

在此期间，家长通过学习与引导开始逐步理解孩子学习不好并不一定是孩子自身的问题，开始逐渐懂得正确欣赏孩子，懂得什么才是对孩子正确的爱的表达，为重新构建亲子关系做了很多很多的努力。一次咨询，我给家长布置了回家与孩子共同制作一顿晚餐的任务，并要求家长只负责协助，而且不准着急，不能指责埋怨。解释一下，因为做饭这件事也是需要身体配合协调的，孩子还处在感统训练过程中，所以不能选择共同读书或写字这样的事情，因为如果盲目触碰学习，一旦效果又不是很理想，孩子与家长前段时间所有的努力就白费了。所以我换了一个看似与学习无关，但是同样需要身体协调的工作，那就是做饭。那顿饭成了三口人心中最美好的记忆之一。据后来妈妈反馈，她觉得自己改变了，变得开始接受孩子的慢，看到孩子在那里笨拙地准备食材，不是指责或着急帮忙，而是欣慰与幸福地看着孩子的每一个动作，就像看到孩子婴儿期刚刚会翻身时候的那种幸福感。各位家长，看到这里的时候您是不是也觉得那个爱孩子的妈妈又回来了，良好的亲子关系又回来了。作为旁观者，我们感受到了；作为亲子关系中的重要人物，孩子也感受到了。孩子是敏感的，他能精确地捕捉家长行为背后的心理与情绪。当爱回到身边的时候,哪怕是无声的,孩子同样可以第一时间感受到。被爱的孩子恢复能力是惊人的,他们可以第一时间重新回到无忧无虑的状态,第一时间把对未知事物的好奇心发挥到极致,从而带动自己去做好许多事情。

再来分享一个即时冲突的案例。这是一个因为孩子不愿意去幼儿园而引发的即时亲子冲突。这个案例的名字叫作"不去幼儿园的孩子"。很多家长通过学习一定的育儿知识,知道孩子不喜欢幼儿园,往往不是幼儿园老师的问题,是孩子与家长出现分离焦虑,这些基本是孩子刚刚去幼儿园的阶段出现抵触情绪的关键原因,此外还有一种原因就是我要讲的这个案例,孩子自身出现了焦虑情绪。

故事的小主人公是个幼儿园中班的小朋友。家长描述事情是这样的:一天早上,本该起床准备洗漱的时间,孩子赖在床上不愿意起来。孩子妈妈喊了几次,孩子滚来滚去就是赖着不起。妈妈开始有点着急了,一边催促着孩子一边开始上手帮孩子穿衣服。原以为孩子会屈从的,妈妈怎么也想不到,孩子突然开始前所未有地厉声尖叫了起来。妈妈在那一刻被吓到了。因为事出反常而且考虑到孩子还小,自己又不大会表达,所以妈妈的第一反应是孩子可能是身体不舒服。妈妈开始抚摸孩子的额头,想看看是不是有发烧的现象,更让人吃惊的情形发生了,孩子居然开始用手阻挡抚摸,乱抓乱打并再次伴随着尖叫。这时候妈妈开始害怕了,马上停止了动作,站在那里想等孩子情绪好一些再试着进行下一步行动。但是情况居然更加糟糕了。这个时候的孩子虽然停止了尖叫,但开始有了更极端的行为,就是用手边的东西扔向妈妈,并且高喊:我不去幼儿园,不想去,坏蛋妈妈,妖怪妈妈不要过来。因为早上时间比较紧张，妈妈还要去上班，无奈之下爸爸妈妈只好给孩子爷爷奶奶打了电话，哄着孩子送到了爷爷奶奶家，没有强制孩子去幼儿园。

　　妈妈讲到这里，我第一感觉是孩子妈妈做得不错，选择是正确的。因为这个时候的强制没有任何意义。家长们一定要谨记我们在面对孩子的对抗时的原则，一定不能以高压的方式解决问题。这位妈妈接着说：当时我以为孩子去了爷爷奶奶家，肯定会被非常良好地对待，甚至可能被溺爱，就是所谓的隔辈人的宠爱。不过在这里要表扬一下孩子的爷爷奶奶，事情并没有像我想象的那样——爷爷奶奶可能会溺爱孩子，孩子会有一段时间的休息。事实是孩子妈妈到公司没多久就接到了奶奶打来的电话，说是与孩子友好商量之后，孩子被成功送到了幼儿园。到园后孩子奶奶不放心，还在幼儿园门口站了半天，偷偷观察孩子的情况，结果发现孩子在幼儿园里表现很正常，和老师聊了会儿天，和其他小朋友相处也不错。

　　孩子妈妈刚刚听到这些的时候，想法是早上孩子可能有点闹觉不愿意起床，所以早上才有情绪发生。但是晚上到家看到孩子才发现事情并不简单。孩子看到妈妈的时候明显态度不友好，看到妈妈进房间的时候只是撇撇嘴，没有喊妈妈更没有像原来那样扑上来，而是故意不看自己。妈妈开始试着主动和孩子说话，询问宝宝今天在幼儿园学习了什么，吃的什么，但是孩子只是嘴里不断重复嘟囔着：坏蛋妈妈、臭妈妈、不理你。妈妈越来越觉得事有蹊跷，也觉得自己挺委屈的，辗转反侧一夜都没睡。转天早上实验性地提出让孩子爸爸送孩子去幼儿园，结果孩子居然很愉快地接受了，领着爸爸的手，唱着歌去的幼儿园。妈妈告诉我，当时那一刻她想了很多很多，甚至在想是不是家里什么人跟孩子说了挑拨关系的话或者无意制造了什么误会出来，跟家人试着沟通了一下发现不是自己想的那样。可是前前后后把自己能想到的因素都想了一通，又实在没有答案。所以只好来咨询了。

　　这个案例看似有点棘手，其实也没有那么深奥。一般在 12 岁之前，孩子的思维方式是相对单一的，他的情绪指向什么就是什么出了问题。那我们要做的就是首先找出孩子的矛盾指向。孩子的爷爷、奶奶和爸爸都能把孩子送去幼儿园，那一定不是幼儿园出了问题，而是孩子与妈妈之间出现了问题。大家还记得前面提到的关于孩子在童年时期的亲子关系记忆是可修复的吧，孩子真的是天使，他们为了爱我们而来，只要家长不是太过分，孩子一般不会不爱我们，而且孩子在小的时候是不会跟父母记仇的。如果出现了问题，他们通常也会第一时间做出反应，几乎不会延迟等待机会。所以，我先按照普遍规律来试着解决问题。先从出现问题的早上开始说起，但是妈妈反复描述细节并且笃定那天早上和其他时候并没有什么不同，声音温柔而且交流的内容仅限于叫孩子起床。几次梳理过程，都没有找到原因。那难道是前一天晚上发生的问题吗？如果真的是前一天晚上发生了问题，那会是什么问题？又为什么没有当时出现冲突呢？通过继续询问，一个细节浮出水面。原来，前一天晚饭后，孩子在玩游戏，妈妈和爸爸在聊天。聊天的内容是孩子未来的教育和分床问题。妈妈的意思是孩子马上就六岁了，这个时候需要考虑分床的问题了。因为身边很多人说这个时候是分床的最佳时间。而且也提到周围的邻居和同事都在说孩子现在已经上幼儿园中班了，需要开始考虑安排一些文化知识学习了，接下来孩子不能只是玩了。晚上的时间爸爸妈妈准备分工协作,逐步把学习这个事情提上日程,帮着孩子先从幼儿园学习的文化知识强化开始,每天做好复习与预习,慢慢养成良好的学习习惯。

听到这里,我觉得大概找到问题了。我揣摩孩子的想法大约是这样的,他不理解什么叫分床最佳时间,但是他理解分床。同样的,他也不理解什么叫学习文化知识,但他理解晚上玩的时间可能没有了,而且这个被剥夺的游戏时间问题好像还和幼儿园有关系。所以,看似在游戏的孩子在一旁做了自己的逻辑分析,就是妈妈每天晚上不让我玩了,要每天晚上学习,并且还要学好几样,这是孩子抵触妈妈的原因,也是孩子抵触幼儿园的开始。既然孩子抵触幼儿园,那为什么爷爷、奶奶和爸爸能送孩子去幼儿园呢?其实这个也好理解,就是每天晚上不让自己玩了是妈妈说的,其他人并没有这样说,爷爷、奶奶和爸爸对自己还是很好的,并没有要剥夺自己什么,所以不能不听爷爷、奶奶和爸爸的话。找到原因,后面的事情就简单了。我给了孩子妈妈两个建议进行改善,第一是改变教育理念;第二是解决现有的矛盾消除亲子之间的冲突。如果问题能够解决说明原因找对了,如果不能解决那就需要继续寻找根源所在。

对于上面案例中的家长来说,改变教育观念就是让他们不要迷信书呆子的培养模式,也就是心理学中所说的实验模式。实验模式的意思不难理解,大家读书的时候都学过物理、化学,里面提到的很多现象都是有各种前提的,满足各种条件实验才能成立。心理学把完全照着书生搬硬套的培养模式称为实验模式。在这里再次重申,每个孩子都是独特的生命个体,要依照个体区分对待,不能什么都按照书上写的来操纵。再告诉各位家长,目前存在的教育流派有几十种,心理学派有百余种,很多理论都停留在理论层面,不具备解释说明性,也可能存在错误。教育方式在理论层面具有普遍性而在个体层面却只有适应性。所以,孩子的教育不能照书本,更不能看邻居,只有适合的才是正确的。

说说亲子关系矛盾消除的部分吧。其实,消除矛盾并不难,修复亲子关系却很困难。好在这个孩子很小,只要做到加倍补偿基本就可以逐步修复关系。这里的加倍指的是加倍的时间、加倍的关爱、加倍的陪伴。虽然修复亲子关系是需要补偿孩子,但这里的补偿指的是关爱与陪伴的时间,不是物质层面的补偿。物质层面的补偿,可以做到修复亲子关系,但也容易使未来的亲子关系有功利的色彩,不利于孩子的成长,更不利于关系的发展。在与家长完成几次咨询之后,孩子慢慢重新接纳了母亲,而且母亲也理解了教育孩子不能形式主义,需要更多的耐心,需要更多的鼓励与陪伴。

看到这里,各位家长应该能更好地理解我之前强调的:良好的亲子关系可以促进孩子去完成很多行为的原理了吧。孩子拒绝所谓学习也好、幼儿园也好,根源在于孩子理解幼儿园就是一个玩的地方,可以每天在幼儿园玩,然后等待家人把自己接回家继续玩,但是现在有人不让自己玩了。这个时候的孩子通常会有两种表现,第一是仇视学问本身,第二就是仇视教授学问的人。虽然这属于一种错误指向,但是这里的错误是针对矛盾而言的,不是针对孩子而言的,孩子的表达方式是符合孩子年龄的。孩子没有错,错在父母的认知不够科学。

说说其中关于提前了的学习时间问题。孩子最佳的学习时间应当是什么时候?是在孩子 6—7 岁的时候,在这之前只是思维训练时间而不是知识传授时间。这是一个比较关键的时期，是孩子从游戏向学习过渡的关键期。幼小衔接的作用是适应新的环境，适应校园生活、集体生活、学习生活，尝试重新认识老师与同学，培养孩子的角色意识、群体意识、学习意识、纪律和行为规范意识等。我们选择幼小衔接教育的原因就是希望把它作为一个很好的模拟器，在这个模拟器上我们可以去发现孩子未来真正上学后的问题。就像我前面所说的，这个时期对于孩子来说就是过渡期。他们肯定需要一个适应过程，顺利完成过渡就是成功的。在这方面很多家长受商业培训模式误导，目标定位出现了偏差，其实幼儿的教育真的是一个循序渐进的过程，要一点点地逐步推进，学前教育的目的不是要学会多少知识。上面案例中的妈妈过于急躁，想一天建成罗马城，所以直接剥夺了孩子玩的时间，直接替换为学习。与此同时还要被分床，这在孩子看来是大事，因为孩子理解的分床就是被赶走，就是妈妈不要自己了。那您觉得孩子能不抵触妈妈，能不喊妈妈坏蛋吗？幸亏这位妈妈是一位有心人，她没有以达成结果来作为第一标准，否则孩子就不能顺利去幼儿园了。在妈妈看来只不过不让自己送，那就变为孩子爷爷奶奶或者爸爸送呗，这样也挺好，只要顺利去幼儿园就是了。幸好妈妈懂得调整变通，否则冲突就不仅仅是扔东西，并且喊坏妈妈那么简单了。

接着给大家再讲一个关于孩子写作业慢的问题，这至少是一个短期冲突。案例的名字叫"要命地写作业"。很多人说孩子写作业慢，是因为对学习的不适应，给孩子一个适应的过程就好了，这样的说法肯定是正确的，但是恐怕这些人不知道，孩子是很难自主完成这个所谓的适应过程的，大多数孩子都会因为不适应的停留期过长而变为自信心缺失。孩子每天从学校回到家,作业这个灾难的事情就此开始了,这几乎已经成为困扰所有家长的一个问题。不是说孩子不会写作业,而是这个孩子每天写作业的过程要人抓狂,写一个字玩五分钟,一次作业写完需要三个小时,每天都在开夜车,您是不是已经忍耐到极限了?

　　这次来求助的是一个女孩的母亲,这位母亲本身算是高级知识分子,她在第一次咨询中就恶狠狠地表达了如果我家是一个男孩,我一定要好好打一顿,看着她写作业真是急死人,你说这么小的孩子怎么如此不听话呢? 不知道正在看这个案例的您是不是也有相同的感受。这位母亲整个描述过程都是在对比状态下进行的,比如我小时候很听话、很爱学习、很懂事,那时候自己家庭环境很差劲,每天回家要先帮妈妈做饭,然后要帮忙收拾刷碗等。当一切都做完了以后,才能在和乒乓球一样大的 15 瓦的灯泡下学习。那时候的自己和今天的孩子们所拥有的环境简直是天壤之别,您说现在的孩子为什么不懂得珍惜? 为什么不珍惜她良好的学习环境? 我不求她像我小时候一样,去帮助我做什么,我只是要求她做好自己就好了……这个时候我提出了我已经知道答案的问题:是不是从很小的时候您就已经开始特别系统地去规划如何培养孩子了? 回答的结果如我所料,她确实是很小就开始帮孩子规划了。但是妈妈坚持说没有强迫孩子做什么,她所报的兴趣班都是被孩子认可的。妈妈说:我领着孩子去看各种兴趣班,她表示喜欢我才为她帮忙,而且就算后来不能坚持,也并没有特别地强制。我就追问:您领着孩子去兴趣班的时候,是不是这样问的,宝宝这个舞蹈看着不错,你喜欢吗? 要不要去学习跳舞? 孩子妈妈认可了我的话,而且她比我说得还具体,她会为孩子详细讲解每个兴趣班的作用和未来对她的深远意义。不知道看到这里的时候,各位家长是不是有感受了,孩子的兴趣班学习可能没这位理性的妈妈说的那么民主或者说是所谓孩子的选择了。

这位妈妈询问的方式完全是一个高压强势的输出方式。这样的方式特别容易说服他人,这里的他人指的不只是孩子而且也包括成年人。因为人性是懒惰的,内心容易接纳别人给予的建议,这就是心理学说的领袖人格和跟随人格,这位母亲就是典型的领袖人格。所以所谓孩子自己接纳兴趣班的事情,结果就不言而喻了。

我对这个案例的想法有两个层面。第一个是孩子的问题,或者说孩子形成问题的原因。其实不要说这个孩子,所有孩子都差不多。当他面对或出现问题的时候,更多时候是由于迷茫或不知所措,当然同时肯定也存在自信心受损的问题。给大家解释一下孩子的迷茫和不知所措的具体含义,迷茫和不知所措看似是一个意思,其实不然。迷茫是思维问题而不知所措是行为问题。迷茫是对事物的理解无法解说,不知所措是应对事物时的行为模式或者说是执行的方式。迷茫具备延缓性而不知所措具备行为约束性,意思就是孩子从思维到行为都会出现停滞,也就是孩子一旦迷茫和不知所措的反应通常是什么都不做。大家可以思考一下,孩子停滞的原因是什么?是不是跟孩子从小就一直被支配着有关?结合我们的经验试想一下,比如您每天工作的时候都有人在旁边一直进行各种指挥、各种指导,您的工作会进行得很顺利吗?我们成人尚且很难去应对他人对自己的过度支配,何况是一个孩子呢?所以孩子出现迷茫和不知所措在我看来是很正常的。

第二个是亲子关系层面的问题。这位妈妈其实比较具备代表性,她是比较不好调整的一种类型，并非不通情达理，而是她自我逻辑构建完整。她自认为对孩子所做的一切都是合理的、科学的、与孩子达成共识的，所以当出现问题的时候，家长很难去接纳这个问题与自己有关系，更多时候会做外部归因。这一点在家长一直拿自己做例子去描述孩子就可以很好地判断出来，意思就是孩子自身不努力。针对这样的家长一般采用的方法叫抽离法，就是把家长抽离出来一起去看待事件中的人。

我和这个妈妈说，我特别理解您说的，听您说孩子的时候，我第一时间就联想到了我自己，因为我的孩子小时候跟您现在面对的问题真的特别像，这样说的目的是希望利用共情拉近与孩子妈妈的距离，为帮助她抽离打下基础。我接着和这位妈妈说，那时候我孩子写作业也特别难，可问题是其他大部分孩子没有作业完成的问题，我孩子的这个问题就让我比较崩溃了。而且我和您不同，我是一个老师而且还是一个心理咨询师，周围人都知道，恰恰是我的孩子出现了写作业困难的问题，您能想象我有多难吗？我这样的描述既打破了孩子母亲对所谓书本的刻板依赖，也在不知不觉中加深了我与孩子母亲的共情关系。这在潜意识中传递给孩子妈妈的信息是专业系统学习过的人也有无能为力的时候，而且孩子出现这样的问题不是个案，大家可以共同探讨解决。这为最后说服这个妈妈打下了良好的基础。我有感受、有细节地和这位妈妈说那时候的我承受了多重的压力，有来自同事的，有来自我学生家长的，有来自我自己家庭内部的，每天这个作业问题真的像一场战争，一段时间内我被压得焦头烂额。我跟这位妈妈说，那时候的我运用过很多方法，比如鼓励法，夸奖孩子的字写得好看、夸奖孩子是个爱学习的好孩子,收效会有一些,但是没管用两天就又一切恢复原样了。我也会用奖励法,奖励孩子拿高分之后买礼物、出去玩。同样,孩子开始挺兴奋,但达不到目标也就放弃了,还一副无所谓的样子。直到我求助到我的老师,他告诉我一个方法,问题才慢慢发生改变。

我故意停在这里,卖个关子就是希望孩子的妈妈能追问我方法,以激发起这位妈妈的急切心理。果然如我所料,妈妈开始追问我到底是什么方法?您的老师是怎么解决问题的?我说,我的老师给了两个方法,一个也是鼓励法,另一个则是绑定法。这时,我开始重点强调以下内容:也就是我给这位妈妈开出的调整方案。我的老师教我的鼓励法与我最早用的鼓励法是有所区别的。最早我用的鼓励法是绝对正确的,只是在操作上忽视了孩子与成人的区别,孩子需要更多的耐心与符合他的自我认知的手段。鼓励她爱学习其实意义不大,但是如果告诉她老师每天看到妈妈都表扬你在学校表现很好,这个就会有效很多。如果再想效果好一些就买一个漂亮的本子送给孩子,告诉她是老师奖励她的奖品,之所以不在学校发,是因为学校同学多,别人看到不好,所以偷偷发给了妈妈。你一定要保密而且妈妈为你开心、自豪。这个方法虽然还是鼓励,但是夹杂了故意制造神秘感和分层式鼓励两种手段,这样的手段对孩子来说是非常行之有效的,可以迅速帮助孩子建立在学习上的自信心。当孩子表现出信心的时候再适当地暗示她每天要按时完成作业、认真学习,问题就解决了。

至于绑定法,就是利用孩子喜欢玩的天性做文章。比如,告诉孩子我们明天可以去游乐场玩,今天你能把作业写完明天就可以开心地玩,否则你也要想着作业没完成的事情,玩得也不开心。看似短短的一段话,里面用了一个间接暗示、两个直接暗示来把游戏与学习做一个有效的绑定。不完成作业玩也不能玩得尽兴开心,用这样的绑定方式成功地把学习和玩相结合。孩子妈妈听完我的话后得出了自己的结论:这样的方法好像是说要对孩子更多点耐心,一点点引导孩子逐步对学习产生兴趣。我这个时候趁热打铁接着说,我的老师告诉我,要做到这一点最关键的还要有一个基础,这个基础就是时间与关系。我还告诉这位妈妈,我在对孩子的事情中就是没处理好和孩子的亲子关系,太关注自己的感受,所以把很多东西在第一时间都加到了孩子身上,哪怕方法再正确孩子也可能迷茫和不知所措。这个时候这位妈妈开始深思,好像明白了什么。她说好像我也是一样的,我的方法都正确但是我过于急躁了。至此,我对这位妈妈的理念扭转工作才算基本完成,后面就是重新建立健康亲子关系的过程了。

很多人会在出现问题以后找到心理、教育方面的专业人士寻求帮助,期待这些学科能带给自己不一样的方法。其实这不过是依赖与无助的表现。心理学和教育学在这些问题的解决方面不过就是通过大数据模式完成追本溯源,然后调用其中部分原理在合理的关系中潜移默化地解决问题,其实一点儿也不深奥,不过是顺其自然、水到渠成而已。回到案例,运用方法需要一定的时间来保证落实与取得成效,这个很好理解,至于关系是什么意思呢? 就是亲子关系,良好的亲子关系是使用一切方法的前提,没有良好的关系,一切正确的方法都是理论,理论不能与实践相结合就只能是纸上谈兵。

在接下来的一个月时间里,我们共同回顾了家长与孩子之前不到两年的亲子生活,说到了孩子的成长,说到了孩子的可爱。我还没有开始关于如何与孩子沟通的事情,孩子妈妈已经重新审视了自己与孩子的关系,懂得认真听从孩子的建议。她说了一个变换身份的方法,我个人觉得特别好,在这里也分享给各位职场的妈妈。这位妈妈说处理好与孩子的关系,其实需要的是自己正确的角色定位,所以每天下班之后,在走出公司之前都要对着镜子里的自己心中默念:我下班了,现在我是一位爱孩子的母亲,我要用母亲的眼光去看待孩子的成长,陪伴孩子的成长!

接着再讲一个长期案例。这不是一个单一的案例,也是很多青春期家庭的真实写照,希望对正处于青春期教育的家庭以及未来迎接青春期教育的家庭提出一种警示。这个案例的名称叫作"进不去的房间"。

来咨询的是一家人,准确地说是两个家族的人,不仅仅有孩子父母,还有孩子的姑姑和姨姨们。看着房间里七八双期待的眼睛,我在一瞬间感到了一种少有的压力。先来听听家长描述的孩子的问题,孩子是一个女孩,16 岁了,在天津一所市重点中学读高一。孩子从小学习成绩一直很优秀,曾经是一所重点初中的年级前 10 名,然后以非常优秀的成绩考入现在的高中。升入高中之初的考试中,孩子能排在年级前 30 名,这让家长包括整个家族都特别高兴。说到这里相信大家也和我一样,明白了为啥今天来那么多家人,看来是家族的希望出现问题了。最近的问题出现在期末考试,这次考试孩子成绩大幅度下降,从之前的 30 名变成了现在的 300 名。其实在这样的学校排名 300 已经很不错了,毕竟是置身在市重点高中,而且不能以一次成绩来定论。但是家长不能接受这样的情况出现,于是开始审视孩子到底出了什么问题?经过家人的集体智慧总结,最后结论落在因为孩子进入青春期,不让家长进入自己的房间，出现了秘密，进而影响了学习。从家长接二连三的描述中，我勾勒出了事情的过程。

事情的转折是从期中考试后开始的。期中考试后，孩子和妈妈谈了一次，说自己大了希望隐私被尊重，所以想有自己独立的空间，不需要再帮忙收拾房间了，自己可以收拾房间。孩子妈妈表示当时自己特别开心，因为孩子从小就听话懂事，学习成绩也特别优秀，基本年年都是三好学生，是让邻居、同学和同事都羡慕、夸赞的孩子。过了一段时间之后，妈妈开始发现事情好像不对劲了。孩子每天把自己打扮得干干净净、漂漂亮亮，但好像并没有整理过自己的房间，东西到处乱扔乱放。当然，起初家长也没觉得这是个问题，认为孩子从小没收拾过房间，不会整理很正常。但是孩子开始进出锁门，不允许爸爸妈妈进入自己的房间，这个事情就有点不对了。于是，家长开始回想，孩子好像这几个月的转变很快、很突然。每天就待在自己的房间不知道在干嘛，曾经想办法又用各种借口突击查看过，好像孩子在房间里不是学习看书而是在玩手机，而且好像还有点上瘾了，因为每天早晨看着都昏昏沉沉的，好像睡眠不足的样子。家长开始将自己的隐忧说给亲人朋友听，大家共同的结论是觉得孩子开始进入青春期了，身心发生了重大改变，也不再听家长的话了，担心再这样下去孩子会出现更大的问题，所以家长组团来咨询如何面对青春期的孩子。通过和孩子妈妈进一步沟通得知，孩子从小就听话懂事，和人说话彬彬有礼，身边每个人都是朋友，和谁都能很好相处。但是现在孩子进入高中了，好像朋友不多而且说话也开始带刺儿，不那么好相处了。

首先来看这个孩子是不是进入青春期后出现了一些问题呢？答案

当然是肯定的。青春期期间，孩子出现问题的程度只有一个前提条件，就是亲子关系如何。青春期就是亲子关系的一个检验标准，青春期之前亲子关系处理不当就会造成这一阶段的问题与冲突频发，青春期之前亲子关系处理恰当就相对平稳和谐。而因为再幸福和谐的家庭也往往有接近61%的问题很难解决，所以绝大多数家庭需要面对孩子青春期问题以及青春期亲子关系冲突。而又因为每个家庭的基础情况差异，所以每个家庭虽然冲突的原因大致相近，但孩子所呈现的方式以及亲子冲突的方式是多种多样的。我们来看这个女孩的生活环境。这是一个典型的三口之家，双职工家庭，经济情况良好，妈妈主导孩子教育，爸爸不大爱讲话。从进入房间开始除了母亲和各位亲戚说话之外，孩子的父亲从来没说过一句话，只是默默地听着。这是很典型的中国家庭模式，父亲很少对孩子的日常情况加以干涉，对孩子情况了解并不太多。妈妈则是一个绝对的任劳任怨的形象，尽力照顾孩子的一切。同时十分关注孩子的成绩，只要孩子学习好就行，其他方面关注的程度并不是很高。同时也表现出观念落后包办代替过多的问题。看到这里的时候，各位家长是不是觉得似曾相识？是不是觉得我们身边的很多家庭都和这个家庭比较相似？

其实不仅仅是这个孩子，对每一个青春期的孩子而言，他们的身心发展都逐步进入成熟期，这个时候自身就开始慢慢出现所谓的矛盾。其实人的心理问题大多数都是矛盾问题，这个矛盾在青春期就是自认为成熟的认知与不成熟的现状之间的矛盾。生长在现代都市中的孩子，大多数都是物质生活丰富但是心理建设欠缺。这就是我们的物质文明与精神文明两手抓得不均衡出现的问题，孩子的物质文明确实过硬了，但这个"过硬"既反衬了精神层面建设的欠缺也制约了精神层面的发展。这些孩子比我们更需要他人的理解，希望和他人倾诉，希望能与相近似的灵魂交流，希望得到真正的安慰与陪伴。这也就关联上了大家普遍担心的"早恋"问题。在进入青春期之前，孩子心理上最依赖的人是家长，进入青春期后开始转移，最初是转移到朋友身上，到青春期后期，逐渐转移到异性朋友身上，最后固定在异性身上。孩子身体发育充分、情感层面成熟越来越早，孩子生理发育需要宣泄、心理发展需要陪伴，早恋的出现也就比较自然了。回到上面的案例，从家长的诉说来看，这个女孩好像还没有早恋的倾向。孩子进入青春期应该是在初中，而且这个孩子真的是很听话，实在是太听话了，所有注意力都在学习上，思想和情感的需求度极低，也很容易得到满足。因为小学和初中是权威认同阶段，这个学习好的女孩自然会被树立为典型，会成为他人学习的榜样，在别的孩子眼中具有权威性。

而从高中阶段开始有所不同。进入高中的孩子不认同权威，而是转而认同自己，所以这个时期相处的方式更多需要的是情商。这个女孩的智商肯定是够了，但是情商发育未必到位，人际关系可能会出现一些之前没有遇到过的问题。而且她的高中是比初中更加人才济济，孩子之前的学习优势到这里需要付出比之前更大的努力才有可能得以保持。这就导致女孩逐渐产生自我怀疑乃至自我否定。所以这个孩子开始出现学习下滑。

上述案例中家长认为孩子学习出现问题的原因不明，其实原因再明白不过了。这个孩子在一个亲子关系支持不足的环境中，而且从小到大被各种标签所包围，到了青春期各种自我矛盾出现后，孩子身处自我对抗、自我矛盾阶段，没有寻求情感宣泄，所以现在才出现了所谓的问题。到这个时候，我只能庆幸孩子在这个时候学习出现了问题，否则孩子每天这样自我冲突，一旦处理不当就可能会出现更严重的问题。

顺便多说一句，心理学认为，恋爱从孩子心理健康层面看利大于弊，但这并不是说我们认同孩子在青春期谈恋爱，所有的家长都以期望青少年在成长阶段正确对待自己的情感需求与情感关系，也期望家长能够正确引导孩子的情感关系的发展。

再次回到上述案例中的孩子身上，解决亲子冲突现在是第二位的，解决孩子自身冲突是第一位的。所以按照我的要求，安排了我和孩子见面，我们进行了沟通。在与孩子沟通后，我给出家长改变之前对待孩子的方式的建议。家长要学会对话、接纳、陪伴。家长要学会聊天，如果实在不知道什么叫聊天，那可以参考相声的捧哏演员，"嗯啊"这种引导连接性语言就可以。同时每天好好看社会新闻、综艺节目、视频网站等，总之，找到孩子关注的热点然后不经意间引出话题和孩子进行有效的对话。比如现在青春期孩子都在关注的哔哩哔哩，都在回归的QQ 空间，都在玩的微博，等等。总之跟着孩子的脚步追着时代的热点找话题就对了。家长要接纳孩子的成熟与不成熟，孩子的需求是生活、是人际交往、是自我认可，学习是生活的一部分不是全部，要尊重孩子是一个有独立意识的人，不要事事都过度参与。支持他们自己去看待学习以外的东西，可以从探讨一些社会或学校内的人文八卦来提升孩子的认知能力，从而提升孩子的情商，满足孩子自我实现的需要，也就是让孩子感受学习之外的成功。家长要学会陪伴，陪着孩子慢慢实现自我的心灵需求，他们需要得到除了学习之外的更多的肯定与支持，尝试关注孩子更多的优点，关注他们的身体变化，陪着孩子体会自身的变化与成长，只有这样才能让孩子放松与放飞自我，达到内部修复亲子关系的目的。

家长要做到这种要求也不容易，因为这种改变可以说是全方位的，从物质满足转变为更多的精神满足与引领。也许家长会觉得委屈与困难，因为自己明明关心了孩子可觉得孩子总是拒绝自己。其实孩子不是拒绝家长，而是拒绝接收家长提供的非自身需求的东西。比如他们需要的是平等对待，因为自认为成熟，他们不再需要指令和所谓操作性比较强的方法，他们需要的是倾听者，是一个知音，孩子只有慢慢解决自我矛盾与冲突，才能逐步趋于正常化。这不是一朝一夕形成的问题，自然也需要一段相当长的时间加以解决。

五、关于沟通

既然家庭教育是"私人定制"，那就需要因地制宜、因人而异。能够做到因地制宜的最好方法就是沟通。因此，好的家庭教育自然也是十分重视沟通的。沟通本身也是一种相互减压的方法，良好的沟通是调节家庭关系的有效手段。就教育而言，父母与子女之间沟通的是想法、是困难、是需求、是目标。而沟通的问题从不会随着社会的发展而弱化，相反，这个问题始终存在，无论我们与自己的父母还是与自己的子女。

在进行沟通之前，我还是提醒大家要先把自己的焦虑感与控制欲放下。我知道很多存在焦虑的家长内心都有一种隐隐的期盼，期盼着等孩子再大一点，等孩子再懂事一点，等家人再配合一点，一切就都好了。是不是等得到那一天我不知道。我知道的是,改变焦虑现状依靠别人永远不如依靠改变自己。对于很多意识到有焦虑问题存在的家长,以及自我认知不够完整需要家长帮助的孩子来说,适当借助专业人士、专业机构、专业知识进行减压训练,也不失为缓解焦虑、改善家庭氛围的选择。目前社会上有很多减压游戏室,通过自己的学习可查阅的专业知识也有很多,比如正念减压、积极心理学,等等,乃至家人共同的体育运动、DIY 游戏、自驾旅行等都是可以改善焦虑状况,促进良性沟通的有效方法。这些方法改变的是自己,作用却是长久的。这些方法不只对改善自身焦虑有帮助,更对改善亲子关系有帮助。这能帮助我们的亲子沟通更加轻松、愉悦。大家不妨试试。

对很多家长来说,困扰大家的不是沟通的意义,而是沟通的方法。明明是抱着促进感情的目的去沟通的,但往往是要么沟通无果,要么以发生冲突收场。这其实不难理解,因为许多沟通都是带有明确目的性的。特别是对于在家庭教育中处于主导地位的家长来说,也很容易把自己对孩子的说教、引导,误认为是沟通。所以在家庭教育的沟通中,要注意用平等的视角和双方易于接受的方式进行交流。其目的也可能要通过多次沟通才能得以达成。这一特征,与人的年龄、认知经验、情感投入成正比。也就是说年龄越大,经验越丰富,自身越认可的事物要通过沟通得到改变就越困难。回想一下我们小的时候,父母可以通过沟通约束孩子吃甜食、吃冷食的数量频率,相对没那么困难。但到了中学以上孩子喜欢穿什么、戴什么、喜欢什么样的人,家长想通过几次沟通达到说服的目的明显会困难很多。成人以后,面对逐渐年迈的父母时,我们往往觉得父母过于节俭,很多东西既舍不得丢掉,又舍不得用掉。于是很多孩子希望通过与父母的反复沟通让他们有所改变,但发现已经几乎没有可能。

就像我们纵使了解却也很难理解我们的父母的一些行为特点一样,我们的孩子终有一天也同样不能理解我们的所思所为,不能理解我们对生活的态度与方式。反过来说,父母对我们也会有不理解和不习惯,只是随着岁月的流逝父母才慢慢妥协了而已。对待父母,我们纵使不理解却依然会默认他们的行为,并且很多时候还要尽力去配合他们,用哄着开心的方式对待他们。但当面对我们的孩子时,我们通常会不遗余力地去改变他(她)。从思维方式到行为习惯,我们很多人要求孩子必须要顺从我们的意愿,不接纳孩子的想法,认为他们不理解生活的本质,有太多的不切实际。一种不被接纳的关系,一个不平等的沟通氛围,是不可能诞生健康的关系的,因为土壤不对。孩子可能幼稚但不是智障者,他们有他们对时代的判定,有属于他们的生活,我们能不能尝试把我们对父母生活的态度,同样尝试用在孩子身上,不用哄,只需要把理解、尊重作为亲子关系的大前提。这也就是我们进行沟通的基础与前提。

在亲子关系的经营中,沟通不是全部,还有一部分是行为。但沟通是占据了很重要比例的部分,也是引发和解决亲子冲突的最重要方式。其中有一些沟通技巧值得探究。

先来说说批评吧。孩子的一路成长需要一路修正,有不足甚至有错误自然在所难免,批评是必要的。只是批评作为充满技术含量的对话,需要家长好好了解、小心驾驭。"你太懒了!""这么简单的问题都不会,笨死了。""你看看人家,再看看你。"这些话听着耳熟吗?曾经有人让孩子以听到家长批评后的感受为内容进行文字和图画创作,结果让人心疼。有的孩子画了满纸的黑色,说"反正他们也不爱我。"有的孩子画了超级英雄替他惩罚父母。有的孩子写道"我真的错了吗?我应该怎么做?""我觉得很伤心,为什么要凭一张试卷来评判我的一生。我明明已经很努力了,为什么还要对我冷嘲热讽,在你们眼里我是什么?"

我们可能很有耐心地种下了一颗种子,很有耐心地等待幼苗发芽、生长,却可能会对自己辛苦孕育的生命失去耐性。其实,亲子一场,家长的使命就是让孩子意识到自己是自己的宝藏,是家长和孩子自己要共同守护的财富。家长所有的批评只是希望孩子能够认识到自己的问题,能够理解和接受正确的建议,并在自己的行动中加以改正。在家长的心中,批评不是目的,帮助孩子成长才是目的。那就确实应该研究一下自己批评的目的是什么?用现在的方法达到了目标没有?

既批评了孩子又达到了批评的目的,家长需要做到以下几点:

第一,了解孩子的想法同时给孩子留出反思的时间,赋予孩子自行纠错的权利。球王贝利的故事听过吧?他少年时期刚刚踢球不久,曾经沉迷于抽烟玩乐,他的爸爸几次阻止没有效果,一次爸爸把他叫到身边心平气和地对他说:孩子你想放弃足球吗?吸烟多了,你会跑不动的,如果因为吸烟而没有成为球星你会遗憾的。说完把自己仅有的一点儿钱给了他。贝利很受触动当即改掉了毛病,后来他回忆说:父亲很尊重我,如果他狠狠揍我一顿可能我现在真的是个烟鬼了。

第二,把错误当成成长的契机,把坏事尽量变成好事,不要抓住过去不放,尽量放眼未来,规划以后发展。孩子之所以是孩子,主要是其心智发展还不够成熟,往往容易单向、片面,也不会举一反三和换位思考,确实需要家长多加指点。孩子犯错的时候,往往是教给孩子不同的思考问题和解决问题的方法的好时机,让孩子通过事件学到新的思路、新的办法,其成长的价值远远大过犯错的价值。当然,家长的观察和指点也要及时才好,以免酿成大错后悔不及。

第三,要保护好孩子的自尊心,不要在人前批评孩子,把教育的功夫多下在人后。"人后教子"这是中国文化的传统,这是好的传统。避开旁人的教育能够让孩子避免尴尬,不会心生抵触;避开旁人的教育容易让孩子感受到尊重和亲昵;避开旁人的教育更容易心平气和、推心置腹一些。切记不要在饭桌上、上下学路途中抓紧一切时间教育,那只会让孩子离家长越来越远,甚至影响身体健康。

第四,集中解决当前问题,不要牵连孩子的其他问题,以免让孩子觉得被"秋后算账"。批评本身未必会引发冲突,家长有理、有据、有节的批评孩子多半也是可以接受的。往往是家长在解决一个问题的时候牵连出过往其他问题或者对孩子的不信任以及人身攻击性的语言才导致孩子反感乃至反抗的。理性的家长一定是采用为一个问题、解决一个问题、解决好一个问题的批评方式,尽量客观也尽量不牵连其他任何人和任何事情,不给孩子不认同或者反驳的机会。

第五,批评的原因是令人恼火的,但批评的方式可以多样,既可以严肃认真也可以风趣诙谐。这是由个人习惯、家庭风格、事件情况所决定的。解决问题的方式从来不是一种,调侃打趣、旁敲侧击都可以成为批评的方式。我的父亲最严厉的批评方式就是讲故事,我和弟弟挑食了他讲个故事,我和弟弟吵架了他讲个故事,我们在学校发生问题了他讲个故事,我们爱爸爸的故事,也不愿用犯错去伤害爱我们的爸爸。

接下来我们来说说表扬。这不是引起亲子冲突的原因，而是可以解决亲子冲突的有效手段。人往往是虚荣的，也极少有人根本不在意他人的评价。孩子如此，成人亦如此。所以，要想帮助一个人养成良好行为习惯，表扬是屡试不爽的一种方法。不过要想使表扬在孩子的成长中充分发挥出灯塔的作用，还是有方法可以借鉴的。

第一，夸努力不夸聪明。聪明与智商相关，如果经常夸奖孩子聪明，会让孩子形成错误的优势认知，认为自己做得好是天生的不是努力的。会成为认为自己与其他同龄人不同的感觉，也会在遇到困难和挑战时更加害怕失败，更加容易放弃。而且遇到挫折后更难以修复自己。

第二，夸品格不夸外貌。社会环境与生活经验告诉我们，这是一个"看脸的时代"。许多小友也坦承自己属于"外貌协会"。这不仅用来关注自己也用来评价别人。"这孩子真漂亮"这类的应酬式加重点关注式语言在社交场合普遍存在。这是一个可以讨好两代人的交流方式，但仅限于初级社交。如果是比较熟悉的或者是家人，就应该尽量以关注品格为主了。只有在品格上的持续关注与正向引导才能帮助孩子形成良好的行为习惯。

第三，夸具体不夸泛泛。表扬不是为了让孩子骄傲而是为了让孩子更加进步。所以，表扬的内容不应该空泛。"你真棒""你太厉害了"之类的表扬远不如"你和队友配合得不错""你的心态很好，让临场发挥很稳定"等的具体肯定更能指点孩子下一步的努力方向。越有细节越好，能够引发孩子的分享欲望，能够引出行为背后的很多心理活动，以便家长掌握更多的信息，更加了解自己的孩子。而且能够让孩子感受到来自家长的真切关注，有利于促进亲子关系和谐。

第四，浮夸不如不夸。实验显示，言过其实的表扬不仅不会激励孩子前进，反而会束缚孩子主动成长的欲望。会让孩子在过于在乎他人评价的过程中裹足不前或者觉得家长无知以及存在欺骗自己的可能。所以，表扬要客观，确实抓住进步的地方和值得夸赞的地方进行表扬，也可以适当加入期许与愿景，这样会让孩子感觉真实也更好接受。

最后我们来谈一下非暴力沟通。这是近几年在家庭教育及社会关系层面探讨的比较多的一种沟通方式。我们也来追赶一下时髦，聊聊在家庭教育、亲子关系领域的非暴力沟通的使用。倡导非暴力沟通强调的是让爱融入生活，让尊重、理解、欣赏、感激、慈悲和友情，而非自私自利、贪婪、憎恨、怀疑和敌意来主导生活。根据我的理解，非暴力沟通通俗地说就是要好好说话。这其实是所有关系的沟通中最基础的也是最容易被人忽略的部分。沟通方式取决于人的性格以及内心需求满足，但直接影响和决定了人的关系走向。

马歇尔·卢森堡博士在《非暴力沟通》中提出的沟通大约可以分为四步：第一步是反馈观察，注意留意和表达发生的事情，只客观表达看到了什么，过程怎样、结果如何。陈述的是我所观察到的是否有助于我，以及过程和结果的具体情况。第二步是表达感受，主要表达自己的情绪和心理活动。陈述的是对经历过的事情，情感反应是什么样的。第三步是提出需要，主要是找出导致感受的原因并表达出来，陈述的是什么样的需要或者价值导致自己产生上述感受。第四步是提出具体请求，明确需要其他人给予什么帮助、鼓励或尊重。主要陈述需求而非评论是关键所在。既然是有方法、有步骤、有技巧地好好说话，其中的态度就与方法技巧一样重要。与此同时，人与人之间的分寸感也是决定能否实施非暴力沟通的主要因素。在非暴力沟通的原则下，人与人之间既亲近又适当保持距离才是恰当的，这对家庭关系特别是亲子关系来说是不容易掌控的。需要家长适时提醒自己，自己是家长也是朋友和顾问，在孩子提出需要帮助的时候，适时伸出援手同时点到为止对促进关系和帮助孩子成长都是有益的。

网友问题互动

网友：为什么说"一个人和父母的关系决定了他和这个世界的关系"？

我：因为一个人的情商是从模仿开始的，是首先从原生家庭中习得的，之后才向书本学习、向社会学习，同时作用于他人。透过一个人与自己父母的关系就能看到他的胸怀与方式，大致也能了解他的社会交往能力以及他与他人之间的关系。

网友：培训班真的会让孩子"赢在起跑线上"吗？

我：人生不是短跑而是马拉松，只有短跑才在意起跑的快与慢。马拉松从来都是一堆人聚成一团，听到枪响才慢悠悠出发。而且人生不是赛场，不是与别人的较量，只是一次自我的成长。这么重要的使命，怎么可能是培训班能够承载的。我觉得，培训班只是实现自我成长的一种辅助手段，而不是重要载体。

第七讲　再回看与再思考

亲子关系是一次家长和孩子共生共育的成长之旅。我们进行了诸多的教育层面、关系层面的分析,目的在于帮助大家重新认识亲子关系、建设亲子关系、改善亲子关系。亲子关系是否良好不仅对孩子的一生成长影响巨大,对家长、家庭的幸福而言更是影响巨大。我经常说,亲子关系至少影响三代人,需要至少两代人以上的共同努力才可能得到根本性改善。所以,在本书的最后,让我们回到亲子关系本身再次审视和反思,以便我们更好地再次出发。

一、亲子关系可能不是你以为的

我总是规劝身边的家长们停下来思考,只有当我们看清亲子关系的本质,才能找到掌握这段关系的方法。有人把亲子关系的本质定义为"主人与客人",强调了双方之间的距离与宽容;有人把亲子关系的实质定义为"导师和学生",强调了双方之间的位置与功能;有人把亲子关系的实质定义为"朋友与伙伴",强调了双方之间的感情与氛围。

接下来说说我对亲子关系的理解。

亲子关系的本质是彼此看到真实的彼此。亲子关系最基础也是最重要的存在价值是彼此看到彼此最真实的样子。世上没有哪种关系像亲子关系一样有条件和义务去了解真实的彼此。作为伴随血缘关系而产生的可终身相依的关系而言，亲子关系最有时间去观察和发现双方的特点。如果家长都不能看到真实的孩子和孩子的真实，那在这个世界上孩子还能指望谁去了解他呢？同伴当然有可能，但远不如家长能够伴随一生的了解更能带给孩子安全感和幸福感。其实这个道理家长是普遍明白的，只是相处久了偶尔会产生"幻象"，把希望看到的孩子与真实存在的孩子混淆。而且家长也往往容易忘记在亲子关系中真实的自己和自己的真实也会被孩子看见。常常听到青少年或者青年朋友评价自己的父母，感觉在同情父母们被当作"杂耍演员"被围观表演，同时自己也总有一种在"裸奔"的尴尬。孩子们不点破不代表家长不应该自省。只是家长比孩子有优势的地方在于，孩子是边成长边学会隐藏和伪装的，而家长却从最开始就可以做好"人设"。所以，家长一边应该客观、理性地看待自己的孩子，还原其本来的样子，另一边可以做好功课，建立长期逻辑与关系预设，让亲子关系帮助孩子成长设置路径，尽力促使其朝向最阳光、最充满希望的地方前进。

亲子关系的本质是彼此接受真实的彼此。很多高知家庭困惑于孩子的不优秀，很多富裕家庭困惑于孩子的不上进，很多很认真的家长困惑于孩子的成长总是偏离自己的设置。这就关乎亲子关系的第二个本质了，如果已经看到了应该看到的彼此的真实，接下来就必须接受彼此的真实和真实的彼此了。亲子关系与其他关系的最大区别就在于

"即使我清楚地知道你的不优秀,但我依然无条件地爱你。"如果连亲子关系都开始像邻里、朋友、同学、同事关系一样可以"和则聚、不和则散",可以阳奉阴违,可以利益交换,可以限定条件,那么亲子关系就失去了存在的基础与价值。只是理想与现实的差距往往在于,家长会在不知不觉间把亲子关系混同于其他社会关系来同等处理,忽略了亲子关系的这个本质属性。只有当家长主动接受了真实的孩子,孩子也才有可能坦然接受真实的家长,亲子关系才有可能长期处于良性状态。

亲子关系的本质是彼此成就最好的彼此。都说"父爱如山""母爱伟大",其无私性是另一个重要的本质属性。有人也许会反驳,说父爱、母爱的无私仅仅局限于对待自己的孩子。是的,正是父母这种有限定的无限的爱,才形成了彼此成就的应该。家长对孩子的成就来自教育,更来自理解、支持。在亲子关系中,家长对孩子的成就往往是"生生不息"的。同理,孩子对家长的理解与支持也会对成就家长的家庭幸福、事业成功形成特殊的能量作用。我个人就高度享受一杯下午茶或者一杯红酒,跟孩子漫谈的时光。聊聊生活、学习、时政、项目,无论是形成共识还是暂时搁置分歧,整个过程像极了两个挚友的推心置腹,这对双方尤其是对我来说像是一种心灵按摩以及充电疗愈的过程,能够让自己在之后的生活和工作中内心平和与充满力量。这是良好的亲子关系成就了孩子的成长之后孩子反哺给我的成全,这是彼此成就的过程。相信这还只是开始,未来我们彼此能够成就的一定会更多,更充满惊喜和各种可能。

亲子关系的实质是彼此和解不好的彼此。也许有人会质疑,既然已经看到真实的彼此也接纳了真实的彼此,何来和解呢?还是有必要的。因为亲子关系一生的纠葛，难免会因为不理智造成遗憾。也因为每个人的局限与偏颇，难免会因为失误造成错误。因为亲子关系是会伴随一生的关系，所以不同于其他关系的可以解体，亲子关系必须最终达成和解。不能和解的亲子关系带给人的伤害也会伴随一生。当遗憾和伤害已经发生，务必要进行和解。和解的过程应该尽量具有仪式感，和解的结果也可以用自己喜欢的方式进行奖励或庆祝。和解后的人生会犹如卸掉包袱轻装前行，自在很多。在中国，父子关系在很多时候是需要和解的。经常听到男孩子在长成之后讲述与父亲和解的过程与感受，非常放松和愉悦，这样的孩子在与家长和解的同时也完成了与自己的和解。他们表达出的感觉，更像是找回自己无比珍惜的一个物件。

亲子关系的实质是彼此放手深爱的彼此。与其他关系的随缘相比，只有亲子关系是从开始就清楚地知道而且有意识地进行放手的一种关系。在亲子关系中，这种理性的成分来自双方，这种放手的选择也来自双方。这是亲子关系的特性所在。在亲子关系中，无论双方关系如何良性，其互动质量可以提升，但互动频次与互动范围一定是减少的过程。家长的空间会相对稳定，孩子的空间会持续扩张直至相对稳定。双方同时都会处于空间边界逐渐清晰的过程中。当孩子有了自己的生活、自己的家庭，家长从法律与情感的双重角度都不再是孩子最亲密的人。选择在恰当的时间用恰当的方式放开彼此的手是一定会经历的过程。这种放手对家长来说是一种大爱的表现，对孩子来说是双方关系升华的契机，对家庭来说是关系解构与重构的过程。亲子关系的放手是进入新的关系模式的开始，通常家长从此开始可以享受来自孩子更多的关心与照顾，也会有更多的分享与分担。

有人说我的看法太过"佛系"，有人觉得可能有些消极。其实不然，我只想提示大家，看到你应该看到的，遵循你应该遵循的，努力你应该努力的，接受你应该接受的，这才是处理关系的最好方法。任何关系都一样，只是对于亲子关系，我们格外看重一些罢了。对于看到和接纳的部分我虽然努力过但还是有遗憾的，不过我知道我们彼此都与自己与对方达成了和解，所以我正在欣欣然期待着在我的亲子关系中的全新阶段的开启。我们彼此都在放手中，而且没有不适。

二、有方可循

良好亲子关系的建立是有规律与诀窍可以遵循的。这其中既有来自思想认识的要诀，更有来自实际操作方法的要诀。

首先是所有家庭成员间要形成等距离矩阵。家庭中的亲子关系与亲密关系相互制衡、相互关联。夫妻关系比较亲近，能够给孩子均等的爱的家庭，亲子关系通常良好，对孩子未来发展的影响也比较积极正向。夫妻关系比较疏远但分别与孩子比较亲近的，孩子往往会走向以自我为中心。夫妻关系完全靠孩子维系的，孩子往往会在以自我为中心的路上走向极端。同性亲子关系亲近，异性亲子关系疏远的，孩子与异性相处将出现困难。异性亲子关系亲近，同性亲子关系疏远的，孩子将面临择偶困难的问题。家长与每名子女之间的关系距离也直接影响着亲子关系的质量。从出台"二孩"政策至今，我接待了大量因为二孩问题带来的家庭问题。一方面前面提到在二孩的生育方面家长的麻烦可能变少了，另一方面在两个孩子引发的关系矛盾方面的问题增加了。其中有因为给第一个孩子思想工作做得不到位的问题带来的，也有因为家长精力倾斜带来的，还有因为两个孩子相处不和谐带来的，更有因为孩子主观认为家长偏心带来的。矛盾错综复杂，纠缠在一起，再引发新的矛盾，家庭在矛盾的积累中前行。所以，做好思想工作，做好关系矩阵是建立好亲子关系的基础要诀。

关于良好亲子关系的建立，我个人比较推崇李中莹先生在《亲子关系全面技巧》一书中给出的十个方法要诀。第一，要认识到没有两个人是一样的。父母不能期待孩子和自己一样，父母的经验在孩子成长中也会出现不适用。第二，一个人不能控制另一个人。人是最善变的，最不好把控的，即使自己生的也不能完全控制，所以不要控制，而是要让孩子习得。第三，沟通的意义决定于对方的回应。所以用孩子能理解的方式跟孩子沟通是最重要的，如果之前讲话没有效果就改变沟通方式，就这么简单。第四，孩子的学习来自家长的行为和情绪而不是家长的指令。孩子是在学习中成长的，不是在指令中成长的。第五，要认识到所有行为必有其正面动机。家长可以不接受孩子的行为，但需要认真了解孩子的动机，特别是尊重孩子的动机。第六，如果你有好的方法那么每个人都会追随。能够让孩子看到家长的办法更加有效，更能让自己受益，孩子就自然会采取这个方法，只是家长记得自己的分寸在于帮助而不是代替。第七，凡事总有至少三个解决方法。坚信人生路上永远是办法比困难多，形成积极的人生态度和多渠道解决问题的能力才是帮助孩子积累的最佳人生财富。第八，成长过程是一个学习的过程。让孩子在关注自己如何提升和成功上，而不是被否定和失败上，本身就是一种成功。第九，应该帮助孩子成长而不是替代孩子成长。被包办代替，最终家长也不会赢得孩子长久的爱，只会付出痛苦的代价。第十，"爱"不可以做筹码。爱是这个世界上最昂贵、稀有且不可交易的，一旦成为筹码，亲子关系将面临问题。

以亲子关系为基础，实施希望实施的所有教育才能够解决家长的实际问题，满足家长的切身需要。有了良性的亲子关系，犹如有了一栋毛坯房子，之后的教育培养犹如装修装饰、用品添置，可以有规划地逐步进行了。我曾听到很多进入青春期以后的孩子埋怨家长没有在自己小的时候好好培养自己的兴趣爱好，没有在该坚持引导自己的时候好好想想办法，致使孩子有朝一日的后悔变成了怨怼。极少有家长像苏轼一样"惟愿孩儿愚且鲁"，但又都像苏轼一样希望孩子"无灾无难到公卿"。其实孩子与大人一样，都希望自己能够事业成功、人生顺遂。所以，在亲子关系良性互动的基础上对孩子施加影响与教育，是亲子双方共同的利益诉求与追求目标。家长可以妥善用之。

三、关系也可以是美的

在本书的探讨即将接近尾声的时候，恰好迎来中央各部委联合下发文件在全社会大力倡导美育教育的实施，所以我也把这部分内容放到我们的话题中，不是要追逐热点、追赶时髦，而是觉得切中时弊、切实可行。

作家木心说：没有审美力是绝症，知识也解救不了。文盲不可怕，美盲才可怕。画家吴冠中说：今天中国的文盲不多了，但美盲很多。现在很多人穷，穷的不是物质，也不是文化，而是审美。没有恰当的审美，生活将变得粗俗不堪、无聊至极。

美育是一个很宽泛的概念，不止体现在艺术素养的养成，更体现在我们生活的方方面面，也包括人的道德情操、行为养成，还包括我们的亲情、友情与爱情。亲子关系离不开美的滋养与浸泡。中华民族是崇尚美的，几千年来，我们的先人从不吝啬对美的发现、认同、感悟与表达。追溯历史，美育行为俯拾皆是。比如，起源于《诗经》的"温柔敦厚"的诗教关乎美育，"恭俭庄敬"的礼教关乎美育，"广博易良"的乐教关乎美育，孔子的"兴于诗、立于礼、成于乐"的君子养成之道关乎美育。由此可见，在中华民族的文化基因里，美育之于人格养成和生命成长从未缺席。时代变迁之下，有些内容也许需要改变，但对美育的需要从未改变。

我们的亲子关系追求的方向应该是美的，而非功利与扭曲的；亲子关系相处的理念应该是美的，而非利己与实用当前的；亲子关系互动的模式应该是美的，而非攻击与控制的。加强亲子关系中的美育教育，需要家长有较高的道德情操、行为习惯、审美情趣，并通过这些来赢得尊重和产生影响。我们常常能在路上看到制止大人闯红灯的孩子，也在网络上读过《我的妈妈是一个没有用的人》这样的文章。显而易见，这样的家长是没有对孩子进行美育教育的能力与水平的，亲子关系中家长也会逐渐处于劣势。家长要学会建立赞美账户，让美好生动的语言成为亲子关系的催化剂，让自己向账户中存入的多，支取的少。家长要学会形成美的习惯，比如赠送爱的卡片或者爱的抱抱，等等，让孩子愿意与你相处与分享。

美育还是细节教育、品味教育，一个精致且有品位的人其自我管理能力一定比其他人要强的多。如果整个社会的美育水平普遍提升，大家都成为这样的人，那么不止亲子关系是美好的，社会氛围也会越来越美好。给大家讲两个故事吧。多年前，德国统一不久，一位从德国回来的朋友，带回来一块柏林墙砖。回国后，所有中国朋友全部质疑：这砖是假的吧。这位朋友挨个解释，这是真的，柏林墙砖数量不多、大小不一，但确实是真的。很少有人相信。这位朋友怒而写了一篇小文，讲中国社会诚信出现巨大问题，所以看待他人的视角也出现了问题。多年后，我们通过自省与调整，并有所进步。还有就是最近发生在法国的事情，埃菲尔铁塔的旧楼梯拆除更换新楼梯，铁质的旧楼梯被切割成九十多段，每段大约四阶，作为艺术品进行拍卖和赠送给各博物馆、艺术馆收藏。于是有人感叹，难怪法国是著名的浪漫国度、艺术国度，在他们身体里流淌的一切都是艺术的血液，这是需要全社会去共同孕育很多年的。如果我们的亲子关系更多地着眼于美好，那我们大约就没有这么急切和直接了。

四、我们一起成长

在亲子关系中，孩子是一定会成长的一方，而家长就未必了。可是，家长是否成长、成长的方向与速度是否符合需求，是亲子关系质量如何的关键所在。

家长需要先能够反向与自己的原生家庭和解。前面已经提到过关于和解的话题，这里所说的和解与前面提到的父母与子女、子女与自己的和解有所不同，指的是父母主动与自己的父母与原生家庭的和解,父母与自己的和解。每逢聊到这个话题,总有人诧异,这有什么区别吗? 都是关于和解,有必要分两次来说吗? 有的。前面提到的和解,其主动者主要在子女,父母也许在完全不知情的情况下就已经被和解了。父母能够意识到这个问题的时候通常是子女态度与方式发生了一个阶段的转变或者一次太过鲜明的转变的时候。这里提到的和解,主动者在父母。而且是先要做的不是主动与子女的和解,而是反向与自己的前半生、与自己的父母去和解。这种和解可以是行动上的,最主要还是心理上的。家长与自己的原生家庭的和解,是与自己子女和解的基础。子女看到父母的和解会对人生有不一样的认识。家长通过与原生家庭的和解,心态必定会发生转变,这种转变后的人生会更加豁达更加包容,更会赢得子女的尊重促进子女与自己的和解。家长与自己的原生家庭的和解,哪怕是局部的和解,其对和解的策略方式也是能够给孩子的和解之旅提供参考的。而且与原生家庭和解的过程其实也是与自己和解的过程,能够与自己的原生家庭、与自己的人生和解的人,其与子女的亲子关系终将不会再成为问题。能与自己的原生家庭、与自己的人生和解的人, 更能体会子女的心境更容易主动与子女互动,促进双方的和解。记得,和解不是和好,是不再怨恨和愤怒。和解的过程要拿得起来、放得下去。对于成年人来讲,与自己的原生家庭和解需要做到的是能够准确表达自己的情绪,坚持自己的想法;停止对父母的要求与期许;守住自己的边界和底线;提升自己,让自己的高度高于原生家庭。当一个人的思想、学识等高于原生家庭的时候,再放低自己去试着理解狭隘、自私、愚蠢、错误,发现善良、简单、悲哀,就很容易原谅他们和放过自己了。

　　家长要从爱是本能，成长为拥有爱的技能。爱子女，不论爱有多少、爱的长短、爱有无附加条件，对于成为父母的人来讲都不是一件困难的事，这些通过本能就能完成。但对于高质量的亲子关系来说，只靠本能是远远不够的。学习和掌握爱的技能是做优质家长、提升亲子关系的"必杀技"。家长要学会保持冷静的方法，用理性去区分哪些是客观事实，哪些是自己的判断；家长要学会透过现象看本质，发掘孩子言行背后的真实愿望；家长要学会留意互动过程中的重要线索，通过情绪去观察、分析孩子的想法和倾向；家长要学会坚持自己的初心，并在互动中检验与修正自己的价值观与方向；家长要学会展示明确的教育思路，让孩子在清晰的路径中成长；家长要学会培养与孩子相当的感情关系，让孩子在敬爱之中听从建议与教导；家长要学会诚恳地自我表达，让家庭形成开放平等的关系氛围；家长要学会带着关心去倾听孩子，让有温度的陪伴带给孩子成长的快乐；家长要学会带着爱的语言表达，这个世界上不被嫌多的事物中，"爱"的情感算一个。聪明的家长从来都是懂爱、会爱的，一起加油吧！

　　家长要从为孩子做点什么调整为为自己做点什么来影响孩子。亲子关系因生命的自然延续而生成，为孩子辛苦付出、呕心沥血似乎也成为优秀家长的"人设"。看到很多不遗余力为子女照顾生活、规划学业、筹谋前途、办理婚姻、养育孩子的家长，对家长的辛苦感同身受，也非常理解家长们期许孩子按照自己的设计成长以及希望自己的付出得到回报成为很多家长不自觉中的努力方向。很多家长甚至会进行比赛，不断环顾左右并且鞭策自己要为孩子做得更多、更好。所以，在家长可以成长的部分，给大家一个建议，把重心转移一下，从为孩子做点什么转移到为自己做点什么上来。家长的为自己做点什么绝不是放掉对孩子生活上必须有的照顾,而是在自我成长层面应该做些投入与努力,让自己的思想、学识、成绩、言行能够对孩子起到正向引导作用。关注自我成长的家长放在孩子身上的时间、精力不至于过度;关注自我成长的家长精神状态更容易松弛,不会把焦虑传递给孩子进而影响亲子关系;关注自我成长的家长更容易成为孩子的榜样,不论意志品质、乐观精神、成果经验任何一方面都有可能影响到孩子的发展。靠影响感染到孩子从而形成主动自我成长的家长,比靠说教与控制管教孩子的家长更容易赢得孩子的喜爱,形成良性亲子关系的同时收获家庭的幸福、孩子的成功。

孩子的成长是其终身的功课,家长也是一样,各自成长的同时还需要共同成长、可以共同成长、应该共同成长。家长们,与孩子一起出发吧!